Béatrice Acklin Zimmermann, Hanspeter Uster (Hg.)

Ein Geschäft mit der Angst?
Zur Rolle der Angst in Politik und Religion

TVZ

Schriften Paulus-Akademie Zürich, Band 7

.

Béatrice Acklin Zimmermann
Hanspeter Uster (Hg.)

Ein Geschäft mit der Angst?

Zur Rolle der Angst in Politik und Religion

EDITION **N Z N**

BEI **T V Z**

Theologischer Verlag Zürich

Bibliografische Informationen der Deutschen Nationalbibliothek

Die Deutsche Bibliothek verzeichnet diese Publikation in der Deutschen Nationalbibliografie; detaillierte bibliografische Daten sind im Internet über http://dnb.ddb.de abrufbar.

Umschlaggestaltung: Simone Ackermann, Zürich
Satz und Layout: Verena Schaukal, Paris
Druck: ROSCH-BUCH GmbH, Scheßlitz

ISBN 978-3-290-20063-3

© 2011 Theologischer Verlag Zürich
www.tvz-verlag.ch

Inhaltsverzeichnis

Einleitung

Angst – dieses Phänomen scheint symptomatisch für die aktuelle gesellschaftliche Situation: Angst vor globaler Rezession, Angst vor einem Klimawandel mit schwerwiegenden Folgen, Angst vor dem Verlust des Rechtsstaates, Angst vor terroristischen Anschlägen, Angst vor anderen Kulturen und Religionen.

Die Stimmen mehren sich, die von einer Kultur der Angst oder von einem neuen Zeitalter der Angst sprechen.[1] Indessen ist keineswegs immer klar, ob sich das Gefühl der Angst auf eine reale und klar identifizierbare – oder zumindest als solche vermittelte – Gefahr bezieht, so dass eher von der Furcht vor etwas Bestimmten gesprochen werden müsste; oder ob es sich bei dieser Angst um das Gefühl einer diffusen, nicht identifizierbaren Bedrohung handelt.[2]

«Fürchtet euch immer»[3], verballhornt Dietrich Schwanitz einen Vers aus der Bibel. Nach Schwanitz sind die Bedingungen moderner Existenz von sich aus angstfreundlich. Man ist allzeit bereit zu Panik und Paranoia, Angst ist zum Normalzustand geworden, und der Daueralarm hält uns bei Laune.

Auch wenn man die Einschätzung von Schwanitz nicht vollumfänglich teilt, so lässt sich kaum von der Hand weisen, dass viele Entscheidungen im alltäglichen Leben aus Angst getroffen werden[4] und die zunehmende Unübersichtlichkeit in einer globalisierten Welt neue Ängste hervorruft.

Dass jede Angstwelle, sei es die Angst vor dem Ozonloch, dem EHEC-Erreger oder einem Terroranschlag, auch ihre Nutzniesser hat und Angst «gut fürs

1 Vgl. Barry Glassner, *The Culture of Fear*. Why Americans are afraid of the wrong Things, New York 1999.

2 Grundlegend für die Unterscheidung zwischen Angst und Furcht: Sören Kierkegaard, *Die Krankheit zum Tode*, Jena 1911 u. ö.

3 Vgl. Dietrich Schwanitz, *Fürchtet euch immer*, in: NZZ Folio 1 (2003).

4 Vgl. Borwin Bandelow, *Das Angstbuch*. Woher Ängste kommen und wie man sie bekämpfen kann, Reinbek 2004.

Geschäft» ist, weiss mit der Versicherungsbranche nicht nur ein ganzer Volkswirtschaftszweig, sondern auch die Politik. Wie sehr Angst, da sie nicht dementierbar ist, eine äusserst effektive Waffe in der Politik darstellt, ist politischen Akteuren nicht erst heute bewusst; Angsterzeugung war immer auch ein Mittel der Kriegsführung. Angesichts der Globalisierung, neuer technischer Möglichkeiten und seit den Anschlägen vom 11. September scheint das Schüren von Angst aber geradehin zur Trumpfkarte der Politiker geworden zu sein.[5] Wichtigkeit wird durch Dringlichkeit ersetzt, und auf diese Weise kann man sich, obwohl zuletzt gekommen, an die Spitze der politischen Schlange stellen. Dass sich gerade auch die Kritiker der «Politik der Angst» an alarmistischen Kampagnen beteiligen, zeigen die Untersuchungen von Frank Furedi.[6] Laut diesen verteilt sich die Angst über das gesamte politische Spektrum, und Parteien und Bewegungen unterscheiden sich höchstens noch in dem, was sie am meisten fürchten.

Auf eidgenössischer Ebene lässt die Wahl- und Abstimmungspropaganda der letzten Jahre bisweilen den Eindruck entstehen, in der öffentlichen Kommunikation sei ein regelrechter Aufmerksamkeitsstreit um das Gefühl Angst entbrannt. Daran vermag auch nichts zu ändern, dass in regelmässigen Abständen und aus unterschiedlichen politischen Richtungen angemahnt wird, Ängste dürften nicht beliebig bedient werden, um einer politischen Vorlage zum Erfolg zu verhelfen.

Die Rolle, die der Faktor Angst in der Politik spielt, scheint komplex; sie wird dadurch nicht einfacher, wenn noch die Komponente der Religion hinzukommt: Gelten die Religionen doch einerseits als Instanzen, die Angst produzieren, andererseits aber auch als solche, die Angst lindern und mindern.[7] Spätestens die Volksabstimmung über das Minarettverbot[8] hat die Frage nach der Verschränkung von Angst, Politik und Religion, die bislang vor allem im Zusammenhang mit der Frage nach der vermeintlichen oder tatsächlichen religiösen Fundierung

5 Vgl. Heribert Prantl, *Der Terrorist als Gesetzgeber*. Wie man mit Angst Politik macht, München 2008.

6 Frank Furedi, *Politics of Fear*. Beyond Left and Right, London/New York 2005.

7 Blickt man auf das Christentum, so gehören etwa Fegefeuer und Hölle als Sanktionsinstanzen zu den erfolgreichsten imaginären Orten der Angst. Gleichzeitig gilt das Christentum als eine Religion, die Angst lindert, insofern die Zusage von der Befreiung von Angst im Zentrum der evangelischen Botschaft steht. Vgl. dazu auch Eugen Biser, *Überwindung der Lebensangst*. Wege zu einem befreienden Gott, München 1996.

8 Vgl. Mathias Tanner/Felix Müller/Frank Mathwig/Wolfgang Lienemann (Hg.), *Streit um das Minarett*. Zusammenleben in der religiös pluralistischen Gesellschaft, Zürich 2009.

des so genannten internationalen Terrorismus diskutiert worden war,[9] mit Vehemenz auf das eidgenössische Tapet gebracht. Im Kontext der Minarett-Kontroverse begegneten appellativ-assoziative Begriffe wie Angst, Befürchtung, Bedrohung, Gefahr, Befremdung auf Schritt und Tritt: Während die Befürworterinnen und Befürworter der Initiative unumwunden ihre Angst vor einem zu grossen Einfluss des Islam äusserten und die eigene religiöse Tradition oder gar «das christliche Abendland»[10] bedroht sahen, artikulierten die Initiativgegnerinnen und -gegner Ängste, die das Verhältnis von direkter Demokratie und Rechtsstaatlichkeit und die Bewahrung der Religionsfreiheit betrafen.

Dass der Faktor «Angst» bei der Minarett-Kontroverse im Pro- und im Contra-Lager eine nicht zu unterschätzende, allerdings kaum näher definierte Rolle spielte, haben die Autoren und Autorinnen des vorliegenden Bandes zum Anlass genommen, dem Phänomen «Angst» innerhalb der Koordinaten «Politik» und «Religion» aus unterschiedlichen Perspektiven nachzugehen. Im Fokus steht dabei die Frage, inwieweit aktuelle Ängste von Interessengruppen künstlich produziert werden, um daraus politisch und religiös Kapital zu schlagen: Inwiefern wird Angst in der Politik und Religion zu Manipulationszwecken eingesetzt oder bewusst geschürt, um bestimmte Reaktionen hervorzurufen, ein gewisses Verhalten zu erzwingen oder Massnahmen zu rechtfertigen? Dabei steht die Verschränkung von persönlichen und politischen Ängsten ebenso zur Debatte wie der Einfluss von Angst auf ökonomisch-politische Prozesse. Gefragt wird aber auch nach den positiven und negativen Konnotationen von Religion und deren Verhältnis zur Angst sowie nach der Bewirtschaftung politischer und religiöser Ängste durch die Medien, die als Drahtzieher Ängste schüren können.

Im vorliegenden Sammelband sind die Vorträge einer Tagung versammelt, die am 8. Oktober 2009 an der Paulus-Akademie Zürich unter dem gleichnamigen Titel stattfand; einschlägige Beiträge zur Thematik, die zum grössten Teil eigens für diese Publikation verfasst wurden, ergänzen die Überlegungen.

---

9   Vgl. Günther NONNENMACHER, *Terrornetze im religiösen Gewand. Über neue Aspekte des internationalen Terrorismus*, in: Die politische Meinung 6 (2008) 5–11.

10 Interessant ist in diesem Zusammenhang die Feststellung des ehemaligen EKD-Ratsvorsitzenden und lutherischen Bischofs Wolfgang HUBER, *Das christliche Abendland – über Missbrauch und möglichen Sinn einer Redewendung*, in: Petra BAHR (Hg.), *Protestantismus und europäische Kultur*, Gütersloh 2007, 107 f.: «In der Regel sind es […] nicht die Theologen, die mit Nachdruck auf die ungehobenen oder vergessenen religiösen Traditionen verweisen, wenn vom christlichen Abendland die Rede ist. […] Das christliche Abendland wird vor allem da beschworen, wo man der Moderne mit ihren Zumutungen Einhalt gebieten will.»

Im historischen Rückgriff auf eine Zeit offener Judenfeindlichkeit in der Schweiz zeigt *Josef Lang*, wie angsterfüllt jene religiöse Judenfeindlichkeit war. Sein eröffnender Beitrag, der 1998 im von Aram Mattioli herausgegebenen Sammelband «Antisemitismus in der Schweiz 1848–1960» erschienen und für dieses Buch leicht gekürzt und ergänzt worden ist, zeichnet exemplarisch nach, wie die Säkularisierung von Gesellschaft und Staat vom katholisch-konservativen Milieu als Bedrohung empfunden wurde. Jeglicher Rückgang kirchlicher Verbindlichkeiten und religiöser Gewissheiten schob v. a. der Klerus dem nichtchristlichen Einfluss zu und prägte den Begriff der «Verjüdelung». Doch blieb der Klerus nicht in der Kirche, sondern bediente sich der Medien. So erschien nicht nur in der offiziellen «Schweizerischen Kirchenzeitung» am 18. April 1863 unter dem Titel «Muss die Schweiz verjüdelt werden?» eine Warnung vor der von den Bundesbehörden angestrebten Gleichberechtigung der jüdischen Männer: «Die Juden werden [...] vielleicht zu einer folgenschweren, unheilschwangeren Tagesfrage sich aufdunsen» (18. April 1863). Auch die nichtkirchliche «Schwyzer Zeitung» hatte die Judenemanzipation gar als «planmässigen Krieg gegen die katholische Kirche speziell und gegen das positive Christentum im Allgemeinen» bezeichnet (23. April 1863).

Bereits zu Beginn der Auseinandersetzung um die Niederlassungs- und Religionsfreiheit für Nichtchristen hatte die «Schweizerische Kirchenzeitung», das damals wichtigste Organ des katholischen Konservativismus, unter dem Titel «Der moderne Staat» vor der Rückkehr in die Zeit der Katakomben gewarnt, und auch in der «Schwyzer Zeitung» nahm die Angst vor der säkularen Moderne häufig apokalyptische Züge an. Die Schweizerische Kirchenzeitung, die noch 1847 die Gründung des Bundesstaates vehement bekämpft hatte, sah sogar die Nation in Gefahr.

Trotz Dominanz der identitären Ängste wurden auch materielle Sorgen mit der Judenfrage verknüpft. So schrieb die «Schwyzer Zeitung», dass die Juden «einer Schmarotzerpflanze ähnlich sind, welche die Säfte der Erde zum Nachteil der edlen Gewächse an sich ziehen und bessere überwuchern; dass jüdisches Übergewicht endlich mit der Verarmung der christlichen Bevölkerung Hand in Hand geht.» (22. Januar 1863)

Aufschlussreich ist, dass der Zentralschweizer Antisemitismus einer ohne Juden war. Dies bestätigt, dass hinter der Angst vor den Juden die Angst vor der Moderne mit ihren Unsicherheiten und Unübersichtlichkeiten steckt.[11]

Im Blick auf die heutige weltweite Tendenz, diffuse Ängste oder auch konkrete Befürchtungen der Bevölkerung als Motiv und Rechtfertigung politischen Handelns gelten zu lassen, analysiert *Dick Marty* den Umgang mit der terroristischen Bedrohung besonders im vergangenen Dezennium. Er weist darauf hin, dass terroristische Anschläge nicht erst seit dieser Zeit die Welt bewegen: Das westliche Europa musste damit während des gesamten letzten Drittels des 20. Jahrhunderts umgehen. Was allerdings mit den verheerenden Anschlägen in den U.S.A. 2001 begann, war in der Tat neu und kennzeichnend für das 21. Jahrhundert: Die besonders von der damaligen US-amerikanischen Regierung betriebene Aushebelung demokratischer Werte und anthropologischer Überzeugungen, die sich im Konsens der Menschenrechtserklärungen – nach den Erfahrungen aus der eben erst überwundenen, unvorstellbar umfassenden Terrorherrschaft im Deutschen Reich – niedergeschlagen hatten, sei für eine neue Staatsräson notwendig, weil man sich im «Krieg gegen den Terror» befinde, einem besonderen Krieg, der besondere Massnahmen erfordere. Dick Marty fordert schliesslich alle politischen Instanzen dazu auf, den Konsens über rechtsstaatliche Prinzipien und Menschenrechte niemals zu opfern – keiner Politik, keiner Staatsräson und keiner vermeintlichen Beruhigung einer verängstigten Bevölkerung.

Ebenfalls mit Blick auf die heutige Zeit und im Besonderen mit Blick auf die Schweiz, deren Bevölkerung nicht frei von einer angstgeprägten Haltung ist, führt *Anton Schwingruber* im Rahmen eines Erfahrungsberichtes die mediale Bewirtschaftung von Angst am Beispiel des so genannten Luzerner Bettagsaufrufs aus. Schwingruber ist davon überzeugt, dass die Ängste gewisser Bevölkerungskreise vor dem Islam zum einen Teil auf mediale Einwirkungen zurückzuführen sind. Zum anderen Teil sieht er sie in bedenklichen Informationsdefi-

---

11 Vorliegender Aufsatz geht zurück auf: Josef Lang, *Der Widerstand gegen die Judenemanzipation in der Zentralschweiz 1862–1866*, in Aram Mattioli (Hg.), *Antisemitismus in der Schweiz 1848–1960*, Zürich 1998, 193–212. Zum Zusammenhang von «Verjüdelung» und Säkularisierung auch Josef Lang, *Ultramontanismus und Antisemitismus in der Urschweiz – oder: Der Kampf gegen die Säkularisierung von Staat und Gesellschaft (1858–1878)*, in: Olaf Blaschke/Aram Mattioli (Hg.), *Katholischer Antisemitismus im 19. Jahrhundert*. Ursachen und Traditionen im internationalen Vergleich, Zürich 2000.

ziten und in der fehlenden Bereitschaft begründet, differenzierte und erhellende Erläuterungen in den Medien zur Islamthematik zur Kenntnis zu nehmen.

Vor dem Hintergrund der Beiträge von Josef Lang und Dick Marty, die exemplarisch auf die Mitwirkung der Massenmedien bei der «Bewirtschaftung von Angst» hinweisen, liegt mit dem so betitelten Aufsatz von *André Marty* eine Stellungnahme eines Medienschaffenden vor. André Marty blickt zurück auf seine politische Berichterstattung und die seiner Kolleginnen und Kollegen. Er zeigt auf, dass Medienberichterstattung niemals ein objektives Geschehen sein kann, zu viele Verpflichtungen («Quote», Loyalitäten, Konkurrenz) und Unwägbarkeiten (Welche Qualität haben die nicht selbst ermittelten Informationen? Verfolgt der Informationsgeber bestimmte Interessen?) spielten eine Rolle. Zudem liege die Interpretation der Information zum Teil nicht mehr in den Händen der Medien selbst, sondern sei abhängig vom Kontext, in dem Informationen aufgenommen würden, und von der Medienkompetenz derer, die sich mit Informationen auseinandersetzten. Politische Interessen haben, so Marty, gewiss einen direkten Einfluss auf das, was in den Medien an Informationen zugänglich sei – er nennt einzelne tendenziöse Beispiele im Zusammenhang mit 9/11, mit Israel und dem Islam im Allgemeinen –, lässt aber auch keinen Zweifel an deren indirekter Reichweite. Und Angst sei dabei ein durchaus funktionierendes «Medium» politischen Tuns.

Die Ebene der Einzelfragen verlässt *Jean-Claude Wolf* in seinem systematisierenden Beitrag. Er analysiert die Rolle der Angst in Politik und Religion in Verbindung mit moralisch und religiös motiviertem Terrorismus. Dabei unterscheidet er das «erste Böse», das eine vermeidbare und moralisch zu verantwortende Initiierung von schrecklichen Handlungen aus böser Absicht, Fahrlässigkeit, Unwissenheit oder Gleichgültigkeit beinhaltet, von einem «zweiten Bösen», das von der Absicht getragen ist, das Böse auszurotten; dabei läuft es allerdings Gefahr, moralische Unterscheidungen und Hemmungen zu verlieren. Der Terrorismus fällt nach Wolf unter die Kategorie des «ersten Bösen», die hässlichen Nebenfolgen des unter dem Banner einer manichäischen Einteilung in gute und böse Mächte geführten Krieges gegen den Terrorismus unter jene des «zweiten Bösen». Bezeichnend dabei ist, dass sich Erfahrungen des realen Bösen und eine Symbolik des imaginären Bösen durchdringen können; die Realität wird überhöht und durch eine Konvertierung von Angst in Aggression ins Mythische aufgebläht. In diesem «zweiten Bösen», das sich dann einstellt, wenn Menschen versuchen, das «erste Böse» mit allen Mitteln zu bekämpfen und dabei meinen, sich auf ihr gutes Gewissen stützen zu können, erkennt

Wolf – mit Bezug auf das weite Feld der religiösen Symbolik – den Tatbestand der Hybris, nämlich die Anmassung göttlicher Kompetenzen durch die vermeintlichen Stellvertreter auf Erden.

Wie sehr Angst in ökonomische und politische Prozesse hineinspielt, zeigt der Aufsatz von *Guy Kirsch*. Dieser setzt – anknüpfend an Kierkegaards Unterscheidung von Angst und Furcht – voraus, dass die Menschen, um ihrer Angst als dem Gefühl einer nicht identifizierten Bedrohung nicht hilflos ausgeliefert zu sein, konstant versuchen, die Angst in Furcht und somit in das Gefühl einer identifizierten Bedrohung zu transformieren.[12] Dass die angstgetriebenen Menschen als Nachfrager von Furchtobjekten agieren, macht man sich in der Ökonomie zunutze, indem Anbieter von Furchtobjekten auf den Plan treten. Laut Kirsch findet ein Grossteil dessen, was in Wirtschaft und Politik gehandelt und verhandelt wird, zwischen jenen statt, die als Anbieter von bzw. als Nachfrager nach Furchtobjekten auftreten. Dabei fällt auf, dass die Nachfrager nicht schon dann von bestimmten Furchtobjekten – als solche können auch Menschengruppen wie Ausländer, Muslime, Farbige etc. figurieren – lassen, wenn deren Harmlosigkeit nachgewiesen worden ist, sondern erst dann, wenn ein anderes Furchtobjekt an dessen Stelle treten kann. Das Angebot beschränkt sich jedoch keineswegs darauf, Furchtobjekte zur Verfügung zu stellen, sondern es werden durchwegs auch jene Mittel angeboten, mittels derer der jeweils plausibel identifizierten Bedrohung begegnet werden kann. Entsprechend bietet z. B. eine Partei Ausländer als Furchtobjekte an und wirbt gleichzeitig für eine Politik, wie dieser Gefahr zu begegnen ist. Wie Kirsch festhält, ist es der Vorteil einer liberalen politischen, gesellschaftlichen und wirtschaftlichen Ordnung, dass sich der Einzelne – anders als in freiheitsfeindlichen Regimes – jeweils für jene Furchtobjekte entscheiden kann, die ihm erlauben, in seiner Lebenslage mit seiner Angst nach seinem Dafürhalten möglichst konstruktiv umzugehen.

Nach der politischen, ökonomischen und philosophischen Untersuchung des Phänomens Angst und ihrer Wirkungsmöglichkeiten beleuchtet *Hanna-Barbara Gerl-Falkovitz* das Verhältnis von Religion und Angst. Wesentliche

---

12 Der Psychologe Arno Gruen, der an der Tagung ebenfalls referierte («Der Fremde in uns – Die Angst als bestimmender Faktor in Politik und Religion»), führte die Unterscheidung von Angst und Furcht aus und verortete ihre Ursachen in einer vielfach «verletzten Ganzheit» des Menschen. Unter anderem Aspekt, aber für das Verständnis des Kontextes nützlich ist der Aufsatz Arno GRUEN, *Evolution. Liebe als entscheidender Entwicklungsfaktor*, in: SBAP (Hg.), punktum. 36 (3/2010) 10–12, online unter http://www.sbap.ch/aktiviaeten/pdf/punktum/punktum36Mrz2010.pdf.

Kernaussage ist die These, dass Religion nicht Produzent von Angst, sondern deren wirkungsvollste Bearbeitung sei. Sofern Religion vom Nutzen für den Menschen her betrachtet werde, sei ihre vordringliche Aufgabe, Angst zu bändigen. Wie Gerl-Falkovitz mit Blick auf die Religionsgeschichte einräumt, trifft es zwar zu, dass Religion und Angst auf weite Strecken verbündet sind. Beredtes Beispiel dafür sind die Angst vor der umfassenden Göttergewalt und die Ambivalenz von Gottheiten bezüglich der Todesangst. Von der Religion ist jedoch, wie die Autorin betont, die Offenbarung zu unterscheiden, in der das Vertrauen in den Heiligen elementar und somit die Aufhebung der Angst ins Vertrauen zentral ist. Ist in dem einen Gott und der Zusage des Bundes im Alten Testament bereits eine Entschärfung der Angst erkennbar, so vollzieht das Neue Testament gegenüber den mythischen Gottheiten der Vorzeit laut Gerl-Falkovitz eine deutliche Klärung hin zur Angstüberwindung. Dabei ist es insbesondere Paulus, der die Aussagen der Bergpredigt zu revolutionären Konsequenzen weiterführt, so dass statt der Angst vor dem Schicksal Freiheit zur Eigengestaltung der Geschichte denkbar wird. Mit seinem Auferstehungsglauben trägt das Christentum wesentlich zur Überwindung der Angst bei, insofern Angst stets im Zusammenhang mit Tod und Vergänglichkeit steht.

Im Epilog schaut *Dick Marty* mit einem sehr persönlichen Blick auf die weltpolitischen und nationalen Ereignisse der ersten Jahreshälfte 2011. Er resümiert: «Angst vor den Fremden, die unseren behaglichen Wohlstand bedrohen könnten, und Egoismus» gehören zu den stärksten Motivationen für politisches Handeln. Sie bedrohen das gesellschaftliche Wertesystem, das eigentlich die politischen und gesellschaftlichen Akteure leiten soll.

Herausgeberin und Herausgeber danken allen, die zur Entstehung dieses Sammelbandes beigetragen haben. Ganz besonderer Dank gebührt der Leiterin des TVZ-Verlags, Frau Marianne Stauffacher, für die rasche Aufnahme des Manuskripts in das Verlagsprogramm und dem Lektor, Herr Markus Zimmer, für die ausgezeichnete und anregende Zusammenarbeit. Herausgebende und Verlag danken der römisch-katholischen Körperschaft des Kantons Zürich für die finanzielle Unterstützung bei der Drucklegung des Buches.

Der interdisziplinäre Charakter der Tagung spiegelt sich auch im vorliegenden Band wider. Dessen Anspruch ist in erster Linie darauf angelegt, das kaum bestimmbare Gefühl Angst innerhalb der Koordinaten Politik und Religion von ganz verschiedenen Blickrichtungen her einzukreisen und dadurch genauer zu erfassen. Mit der Frage, welche religiösen, politischen und gesellschaftlichen

Phänomene Angst auslösen können und wie stark Politik und Religion von Angst beeinflusst sind, greifen die Herausgeber eine Frage auf, die angesichts des so genannten internationalen Terrorismus, der Finanzkrise, der Globalisierung und der veränderten Religionslandschaft Europas aktueller denn je ist. Auf diese und andere Fragen will der vorliegende Sammelband zumindest Teil-Antworten bereitstellen. Weiterführend wird darüber nachzudenken sein, ob sich die Alternative, Politik und Religion produzierten selbst Ängste oder aber sie reagierten lediglich auf solche, aufrechterhalten lässt.

Fribourg/Baar, im Juli 2011   Béatrice Acklin Zimmermann
                                                      Hanspeter Uster

Die Angst vor anderen Religionen – ihre Instrumentalisierung durch die Politik

Am Beispiel des Widerstands gegen die Judenemanzipation in der Zentralschweiz 1862–1866

JOSEF LANG

> *«Die Juden werden allem Anschein nach in nächster Zeit die Schweiz stark beschäftigen; und vielleicht zu einer folgenschweren, unheilschwangeren Tagesfrage sich aufdunsen; es ist daher an der Zeit, dass sich die Geistlichkeit mit dieser Angelegenheit bekannt mache und das Volk über die sachbezüglichen Rechtsverhältnisse aufkläre.»*[1]

Am 14. Januar 1866 waren die Schweizer Männer aufgefordert, die zwei auffälligsten Mängel der liberalen Bundesverfassung von 1848 zu beheben: die Beschränkung der Niederlassungs- sowie der Glaubens- und Kultusfreiheit auf Christen. Während die erste Vorlage mit 170 032 Ja- gegen 149 401 Nein-Stimmen und 12 ½ gegen 9 ½ Stände durchkam, wurde die zweite mit 157 629 Annehmenden und 160 992 Verwerfenden und einem Ständepatt knapp abgelehnt.[2] Die Glaubensfreiheit auch für Nichtchristen und damit die Judenemanzipation wurden erst acht Jahre später im Rahmen der Totalrevision der Bundesverfassung verwirklicht.

Dieser bereits 1998 erschienene Beitrag wurde gekürzt und auf die Fragestellung des vorliegenden Buches hin leicht ergänzt (Josef LANG, *Der Widerstand gegen die Judenemanzipation in der Zentralschweiz 1862–1866*, in Aram MATTIOLI (Hg.), *Antisemitismus in der Schweiz 1848–1960*, Zürich 1998, 193–212). Er beleuchtet zwar zunächst eine frühe Epoche des jungen Schweizer Nationalstaates, offenbart jedoch sehr bald politische Mechanismen, die immer dann einsetzen können, sobald einer Minderheit «neue» Rechte zugesprochen werden. Dabei funktionieren diese Mechanismen unterschiedlich, abhängig davon, ob es sich um eine Minderheit nur im eigenen Land handelt, die andernorts

---

1   *«Muss die Schweiz verjüdelt werden?»*, in: Schweizerische Kirchenzeitung vom 18. April 1863.
2   Bundesarchiv (BA), *Botschaft des Bundesrates an die Bundesversammlung betreffend die Revision der Bundesverfassung* (vom 12. Februar 1866), Beilage B.

dominant ist, oder ob sie überall Minderheitenstatus besitzt; ebenso spielt eine Rolle, ob die Minderheit (parteipolitisch, verbandlich, wirtschaftlich, religiös) organisiert ist oder sich nur in vereinzelten Individuen zu erkennen gibt – wenn überhaupt.

Die Frage der Judenemanzipation in der Schweiz während der 1860er und 1870er Jahre mag vor dem Hintergrund der Geschichte des 20. Jahrhunderts befremden, und vielleicht sogar ein Schlüssel dafür sein, wie gefährlich sich Strömungen entwickeln können, wenn sich die politische Instrumentalisierung wenig rationaler Ressentiments zum Selbstläufer entwickeln kann, der nicht mehr regulierbar ist – steuerbar ist eine solche Instrumentalisierung allemal, und das in unterschiedliche Richtungen, wie die Beispiele in diesem Buch belegen können.

Die Zentralschweiz und ihr Antisemitismus ohne Juden

Laut der eidgenössischen Volkszählung gab es 1860 in Uri, Unterwalden und Zug überhaupt keine jüdischen Einwohner; in Schwyz wurde eine einzige Person als «nicht-christlich» registriert. Im Jahre 1870, also kurz nach der Annahme der Niederlassungsfreiheit, lebten in den vier «Orten» 36 «Israeliten und andere Nichtchristen», davon 16 im Kanton Zug.[3] Die Innerschweizerinnen und Innerschweizer hatten – von Ausnahmen abgesehen – auch sonst nie oder höchst selten Kontakt mit Jüdinnen und Juden. 1826 beschwerte sich die aargauische Judenschaft beim Kleinen Rat, «weil Luzern, Uri und Schwyz ihren Angehörigen das Feilbieten von Waren auf öffentlichen Märkten verboten hatten und Zug für die Erteilung von Marktpatenten von ihnen eine bedeutende Gebühr verlangte, die von Christen nicht erhoben wurde». Während Luzern und Zug hart blieben, erlaubten Uri und Schwyz den aargauischen Juden den Marktbesuch, verboten aber das Hausieren.[4] Eine Ende 1862 vom Bund bei den Kantonen durchgeführte Umfrage ergab, dass es für Nichtchristen praktisch unmöglich war, in Uri, Schwyz und Unterwalden sesshaft zu werden oder Handel zu treiben. Nidwalden, das als «einzige Ausnahme» sowohl den Verzicht auf die Niederlassungsbeschränkungen wie auch eine Revision der Bundesverfassung ablehnte, forderte

---

3   Heiner RITZMANN-BLICKENSTORFER (Hg.), *Historische Statistik der Schweiz* unter Leitung von Hansjörg Siegenthaler, Zürich 1996, 154.

4   Ernst HALLER, *Die rechtliche Stellung der Juden im Kanton Aargau*, Aarau 1901, 232; Achille NORDMANN, *Zur Geschichte der Juden in der Innerschweiz*, in: Der Geschichtsfreund, Mitteilungen des Historischen Vereins der fünf Orte ; 84, Stans 1929, 72 ff.; Augusta WELDLER-STEINBERG, *Geschichte der Juden in der Schweiz vom 16. Jahrhundert bis nach der Emanzipation*, Zürich 1970, 141.

für das Aufenthaltsrecht von «Israeliten» einen Sonderentscheid des Landrats und die Hinterlegung von «Werten». Der Kanton Zug gab an, kein besonderes Gesetz zu haben, und fügte dem bei: «Übrigens haben solche Fremde noch nie eine Niederlassung verlangt.»[5] In der Innerschweiz herrschte ein Antisemitismus ohne Juden.

Während der Auseinandersetzungen um die Niederlassungsfreiheit rechnete das Hauptorgan der Innerschweizer Konservativen, die «Schwyzer Zeitung», nicht mit einer «jüdischen Invasion» in «unsere inneren Kantone», vielmehr mit einer solchen in die liberalen Gebiete. «Wir glauben, dass die Kantone, welche am meisten gegen die Juden sein werden, d. h. die katholischen Kantone, materiell dazu am wenigsten Grund hätten, weil die Elsässer Juden an ihnen am wenigsten Nahrung finden.»[6]

Die «Schwyzer Zeitung» wider «den planmässigen Krieg gegen die Kirche»

In der Zentralschweiz war der Abstimmung eine gut vierjährige Kampagne gegen die Judenemanzipation vorausgegangen. 1862 und 1863 hatten die Aargauer Ereignisse, die vom katholisch-konservativen Piusverein angeführte Bewegung gegen die Gleichberechtigung der grossmehrheitlich in Endingen und Legnau lebenden Juden, den wichtigsten Anlass dazu geboten, 1863 und 1864 war es der Handelsvertrag mit Frankreich, der so genannte «Judenvertrag», der die «Judenbund» genannte Partialrevision der Bundesverfassung nach sich zog.[7] Den Innerschweizer Konservativen erschienen die Niederlagen des Aargauer Freisinns und die Rückschläge für die laizistisch-liberale Judenemanzipation wie eine unverhoffte Morgenröte: «Könnten die Konservativen in der Judengeschichte nicht einen Hebel finden, um das Schweizervolk weit herum gegen die Bundesbehörden in Bewegung zu setzen und damit auf die bevorstehenden Nationalratswahlen einzuwirken? Mit dieser Frage liesse sich vielleicht mehr machen als mit keiner andern der Gegenwart.» Diese Worte schrieb der Schwyzer alt Landammann Nazar von Reding-Biberegg am 25. Juli 1863 in einem Brief an Philipp Anton von Segesser, den Hauptsprecher der Konservativen im Bundeshaus. Reding und

---

5 BA, Vertragsakten I, Verträge mit Frankreich, Bd. 169, 13B; Bundesblatt der schweizerischen Eidgenossenschaft, Bd. III, 1865, Botschaft des Bundesrates betreffend die Revision der Bundesverfassung vom 1. Juli 1865, 33 ff.

6 Schwyzer Zeitung (SZ) vom 22. Januar 1863, 22. Juli und 22. September 1864; Emil F. J. MÜLLER-BÜCHI, Die Alte «Schwyzer Zeitung» 1848–1866. Ein Beitrag zur Geschichte des politischen Katholizismus und der konservativen Presse im Bundesstaat von 1848, Freiburg i. Ue. 1962, 82.

7 Diese beiden abschätzigen Bezeichnungen wie auch das Wort «Judenartikel» waren in den kirchlichen und konservativen Medien geläufig.

Segesser arbeiteten bis im Herbst 1865, wo es wegen der Gotthardbahnfrage zum Bruch kam, eng zusammen in der von ihnen stark geprägten «Schwyzer Zeitung».[8]

Wiederholt veröffentlichte die «Schwyzer Zeitung» diese Ausschnitte aus der «Botschaft», dem von Johann Nepomuk Schleuniger redigierten Sprachrohr der aargauischen Antiemanzipationsbewegung.[9] Auch die Zahl der grundsätzlichen Beiträge häufte sich. Von 1862 bis Februar 1866 erschienen in der «Schwyzer Zeitung» 125 Texte (Kurznotizen und Annoncen nicht mitgezählt) über Juden und ihre Emanzipation. Davon waren 104 negativ und 21 positiv oder neutral. Gegenüber den Vorjahren bedeutete das eine massive Steigerung.

Das thematische Grundmotiv der Kampagne tauchte bereits am Anfang, im Oktober 1861, vor dem Hintergrund des Konfliktes um den Gemeindebann in Endingen und Lengnau auf. Unter dem Titel «Der moderne Staat» betonte die «Schwyzer Zeitung»: «Wer vom Christentum und seiner Wahrheit durchdrungen ist, kann unmöglich grundsätzlich gegen dessen Geist und Zweck handeln, was aber offenbar geschieht, [...] wenn man die Gegner des Christentums, Juden und Ungläubige jeder Art, zu Mitregenten ihrer christlichen Völker macht.» Das «Christentum kommt rücksichtlich seiner Verhältnisse zum Staate wieder in den Zustand seines Anfanges», der unter «feindlichen, jüdischen und heidnischen Staatsregierungen stattfand».[10]

Wie «diese zwei Tatsachen», die Gleichstellung der Juden und die «Befeindung» des Christentums, «zusammenpassen», glaubte die «Schwyzer Zeitung» am Beispiel des Kantons Zürich veranschaulichen zu können: «Während die Emanzipation der Juden diese den Zürchern ebenbürtig macht, so haben letztere durch Aufhebung des Klosters Rheinau sich jenen gleich gemacht; denn diese ist, vom moralisch-christlichen und finanziellen Standpunkt aus betrachtet, etwas recht Jüdisches, ein ächtrentables Schacherstück.»[11]

Wie stark die Juden, «ihre Geldmächte» und «die Freiheit der Religionen» mit dem «planmässigen Krieg gegen die katholische Kirche speziell und gegen das positive Christentum im Allgemeinen» zusammenhingen, sollte die «Wienerpresse» beweisen, «welche vorzüglich unter jüdischem Einflusse und jüdischer Redaktion steht». Der unter dem Titel «Kirchliche Aufklärung der Gegenwart»

8   Victor Conzemius (Hg.), *Philipp Anton von Segesser (1817–1888)*. Briefwechsel, Bd. III, 1861–1863, bearbeitet von Heidi Bossard-Borner, Zürich 1987, Brief Nr. 727, 408; Müller-Büchi (wie Anm. 6), 82.109 ff

9   SZ, vgl. vor allem die Ausgaben vom 30. April, 17. Mai, 20. Juni 1862, 17. März und 4. April 1863.

10 SZ vom 17. Oktober 1861.

11 SZ vom 15. Mai 1862.

publizierte Text berief sich auf die häufig zitierten «Historisch-politischen Blätter für das katholische Deutschland» der Münchner Görres-Gesellschaft.[12]

In diesem Zusammenhang drängt sich ein Blick auf die Organisationsform der «Fremden» im Vergleich zu den Katholiken auf. Während die katholischen Vereine und Verbände ein Image hatten, das ihnen Autorität und Glaubwürdigkeit verlieh – auch dank ihrer starken mehrheitlichen Stellung innerhalb einer katholischen Mehrheitsgesellschaft –, und wegen ihrer öffentlichen und transparenten Organisation, ist aus den schriftlichen Quellen herauszulesen und zu interpretieren, dass es eine vergleichbare Organisationsebene nicht gab, eine gewisse Organisationsform hingegen vermutet wurde. Und diese war – ganz in Übereinstimmung mit den heute als Klischee bezeichneten vorgefassten Meinungen – eine Geldmacht, die planmässig intrigieren müsse, denn man werde von ihren Machenschaften nichts gewahr.

Immer wieder wurde auf die «Herabsetzung» der Katholiken gegenüber den Juden hingewiesen. Unter dem Titel «Siebenzehn Juden und ein Katholik» wurde der St. Galler Stadtgemeinde vorgeworfen, «17 Juden, grundsätzliche Gegner des Christentums, unbedenklich» angenommen, «Katholiken» hingegen abgewiesen zu haben.[13] In einer Artikelserie «Zur Judenfrage» stellte der St. Galler Konservative Gallus Jakob Baumgartner, der als liberaler Landammann einer der Hauptinitianten der staatskirchlich geprägten Badener Artikel von 1834 gewesen war, entsetzt fest: «Nun sollen aber die Juden in die politischen Rechte eingesetzt werden […] mit anderen Worten auch in den Nationalrat eintreten können, während die christlichen Geistlichen (Katholiken und Protestanten) von der Wählbarkeit in diese Behörde ausgeschlossen sind.» Der Text schloss mit den Worten: «Freundliches Asyl und religiöse Duldung den Israeliten; die Regierung aber behalte man in den Händen der Christen!»[14]

Die Sprache: Von den «sozialen Borkenkäfern» zum «Feuerungsmaterial»

So «freundlich» war die Sprache der «Schwyzer Zeitung» allerdings selten, wenn es um die «Judenfrage» ging. Juden wurden als «Landplage» oder «soziale Borkenkäfer» bezeichnet.[15] Auffällig häufig finden sich Komposita mit dem Bestim-

12 SZ vom 23. April 1863; vgl. dazu: Olaf BLASCHKE, *Katholizismus und Antisemitismus im deutschen Kaiserreich*, Göttingen 1997, 295.
13 SZ vom 11. Juli 1863.
14 SZ vom 19., 20. und 21. August 1863, hier 20. bzw. 21. August; zur Autorschaft vgl.: MÜLLER-BÜCHI (wie Anm. 6), 89; Gallus Jakob BAUMGARTNER, *Die Schweiz in ihren Kämpfen und Umgestaltungen von 1830 bis 1850*, Bd. 2, Zürich 1854, 25 ff.
15 SZ vom 5. November 1863 und 30. Juli 1864.

mungswort «Jude», wobei die gemeinte Person oder Partei oft gar nicht jüdisch waren. So wurden die Aargauer Freisinnigen «Judenliebhaber», «Judenpartei», «Judenfreunde», «Mannschaft des Judenschiffes» usw. genannt. Und deren Kopf im Kampf für das «Judeneinbürgerungsgesetz» und den «Judenbeschluss», Augustin Keller, der unter dem «Jubel des Judenvolks» wieder in die Regierung einziehen konnte, wurde vorgeworfen, sich für den «Verrat an seinem katholischen Volk mit dem Judassolde abzufinden».[16] Noch aggressiver und hämischer war die Sprache der «Schweizerischen Kirchenzeitung», die von den Pfarreien in der Regel abonniert wurde und die für die Predigten eine wichtige Grundlage bildete. In der vom Solothurner Theodor Scherer-Boccard, dem ehemaligen Sekretär des Sonderbundsführers Konstantin Siegwart-Müller, redigierten Wochenzeitschrift wurde gegen «Juden-Blätter» im Allgemeinen und speziell gegen «die jüdischen Blätter, Schweizerbote, Neue Zürch. Ztg. und andere» gewettert sowie vor «Juden-Intervention» und «Juden-Bürgerei» gewarnt.[17] Seit 1862 tauchten Titel auf wie «Jüdisch-Aargau», «Aargau Judentum», «Jüdisches aus der Schweiz», «Aus der jüdischen Schweiz», «Fingerzeig zur Judenfrage», denen Kurzmeldungen über Bestechungen, Gerichtsverhandlungen «Jud gegen Jud», jüdischen «Betrug und Meineid» und Mord usw. folgten.[18] Gegen «Juden und Freimaurer» richtete sich der Aufruf: «Aufgepasst, Schweizervolk, auf das beschnittene und unbeschnittene Judenvolk!»[19] Aus dem Urner «Urschweizer Boten» wurde die «Unionshymne» eines zukünftigen «Bundesrabbiners» zitiert: «Wir glauben All' an einen Gott / Jud, Christ und Hottentott!»[20]

Der «Zuger Bote» brachte es fertig, in einem Artikel gegen den Bundesbeschluss vom 30. Juli 1863, der dem Kanton Aargau die Gewährung der politischen Rechte gegenüber Juden diktierte, folgende Palette diffamierender Ausdrücke unterzubringen: «Schmulchen», «Jüdelchen», «Judencharakter», «Judenpfeifen», «Judenpfütze in Palästina», «Judenfrage», «Judenstrom», «jüdische Milchkuh», «Hebräerkinder», «Abrahams Grosskinder», «Judas», «geldgierige und falsche Juden». Angereichert wurden diese Begriffe mit Satzteilen wie: «umduftet von Knoblauch und Zwiebel und umjüdelt von den Stämmen Israels». In

16 SZ vom 30. Mai, 21. August, 5. September, 13. und 21. November 1862.
17 «Schweizerische Kirchenzeitung» (SKZ) vom 18. Juni und 16. Juli 1862.
18 Z. B. SKZ vom 22. Oktober 1862, 24. und 31. Januar, 25. April, 16. Mai, 19. Dezember 1863.
19 SKZ vom 2. Juli 1862.
20 SKZ vom 23. April 1863. Damit wird auf den amerikanischen «Sonderbundskrieg» (1861–1865) angespielt, in dem es um die «Sklavenemanzipation» ging. Dass auch Kirchenleitungen sich sehr schnoddrig über Juden äusserten, zeigt ein Brief des Basler Bistums-Ordinariats an die Aargauer Regierung, in: SKZ 3. Oktober 1863. Das «Kirchenblatt der katholischen Schweiz», eine kurzzeitige Luzerner Konkurrenz, war der «Schweizerischen Kirchenzeitung» sprachlich ebenbürtig; vgl. «Kirchenblatt der katholischen Schweiz» vom 9. und 26. September 1863.

hämischem Ton drückte der «Zuger Bote» die Hoffnung aus, dass die Juden «nicht gerade Rheinbäder von ehedem zu nehmen gezwungen werden oder mit ihnen Versuche als Feuerungs- und Beheizungsmaterial gemacht werden».[21]

Handelsvertrag und Syllabus: «Zwischen vollendetem Antichristentum und neuer christlicher Zukunft»

Nachdem der Bund den Aargau — gegen den Widerstand aller Urner, Schwyzer und Nidwaldner, und eines der beiden Obwaldner Abgeordneten — zur Gleichberechtigung verpflichtet hatte, wuchs der Druck, diese auch auf Bundesebene zu verwirklichen. Der Bundesrat verknüpfte das Anliegen mit dem französisch-schweizerischen Handelsvertrag, über den seit Anfang 1863 verhandelt wurde. Das Nachbarland machte die Unterzeichnung des Abkommens von der Gewährung freier Niederlassung und Gewerbeausübung gegenüber allen seinen Bürgern, auch den Nichtchristen, abhängig. Die Bundesbehörden versuchten einerseits, ihrem Verhandlungspartner dieses «Zugeständnis» möglichst teuer zu verkaufen; sie hatten deshalb kein Interesse an einer vorgängigen Verfassungsänderung. Andererseits rechneten sie damit, dass ein abgeschlossener Vertrag, der materielle Vorteile und eine Benachteiligung der schweizerischen Juden gegenüber den französischen brächte, die Revision erleichtern würde. Die «Schwyzer Zeitung» beklagte sich nach dem Abschluss über das Dilemma, in das diese Politik «der vollendeten Tatsachen» die Emanzipationsgegner manövrierte: «Man kann es sicher nicht verhehlen, eine Verweigerung dessen an die Mitschweizer, was man Franzosen und Badensern gewährt, widerstrebt dem Gefühl; man tut dies ungern, und die Bundesversammlung hat in dieser Rücksicht sehr richtig gerechnet, wenn sie die Sache so drehte, wie sie nun steht.» Nicht ganz zu Unrecht kritisierten Linksfreisinnige, Konservative, aber auch der bundesratsnahe Obwaldner Standesvertreter Hermann den Handelsvertrag als verfassungswidrig.[22] Als im September 1864 die eidgenössischen Räte das Abkommen mit deutlichem Mehr ratifizierten, beschlossen sie gleichzeitig, die Artikel 41 und 48 der Bundesverfassung zu revidieren, d. h. die Niederlassungsfreiheit «von dem Glaubensbekenntnis der Bürger unabhängig zu machen».[23] Im Oktober 1865

---

21 «Zuger Bote» vom 26. September 1863.
22 SZ vom 2. November 1864; Urs BRAND, *Die schweizerisch-französischen Unterhandlungen und der Abschluss des Vertragswerks 1864*, Bern 1968, 72.78 f.132 f.149.225; WELDLER-STEINBERG (wie Anm. 4), 135 ff.; Luzius WILDHABER, *Bundesstaatliche Kompetenzausscheidung*, in: Handbuch der schweizerischen Aussenpolitik, Bern/Stuttgart 1975, 240 f.
23 Bundesblatt der schweizerischen Eidgenossenschaft, Bd. II, 1864, 796; Eidgenössische Gesetzessammlung, Bd. VIII, 162.

wurde dann zusätzlich die Veränderung des Artikels bezüglich Glaubensfreiheit sowie weiterer Bestimmungen beschlossen.

Für die Zentralschweizer Politiker und Medien standen in der Debatte um den Handelsvertrag und die Verfassungsrevision von Anfang an die Frage der Bundeskompetenz und jene der Judenemanzipation im Zentrum. An der Konferenz der Kantonsdelegierten vom Januar 1863 meinte der Obwaldner Landammann Alois Michel, «der Moment für die Zulassung der Juden sei noch nicht gekommen». Der Nidwaldner Polizeichef Karl Jann sagte kategorisch, dass «das Volk von Nidwalden der Zulassung der Juden nicht zugeneigt» sei. Der Urner alt Landammann Franz-Xaver Zgraggen äusserte sich in ähnlichem Sinne. Zug und Schwyz nahmen an der Tagung nicht teil.[24] Dem so genannten «Judenvertrag» mit Frankreich stimmten nur die beiden liberalen Nationalräte Josef K. Benziger (Kanton Schwyz) und Wolfgang Henggeler (Kanton Zug) sowie die beiden Zuger Standesvertreter Kaspar-Anton Keiser (konservativ) und Karl A. Landtwing (liberal) zu. In der Frage der Verfassungsrevision waren die Innerschweizer Konservativen völlig gespalten. Die «vollendeten Tatsachen», aber auch die Gotthard-Interessen, die man mit dem «Alfred-Escher»-Liberalismus teilte, zeigten ihre Wirkung – vor allem im Kanton Schwyz. Die «Schwyzer Zeitung» sagte voraus, dass die «Lobredner» des neuen Bundesgesetzes sich «wahrscheinlich aus den Mitgliedern der Räte» rekrutieren werden.[25]

Das konservative Organ fand es «einleuchtend», dass «bei einem Handelsvertrag der Gedanke an die Juden sehr nahe liegt». Mit dieser Bemerkung startete es bereits im Januar 1863 seinen Kampf gegen das Abkommen mit Frankreich. Es sei «nun einmal Tatsache», hiess es im Artikel weiter, «dass die Juden den Wucher und Betrug, an Christen verübt, nicht für unerlaubt halten; dass sie einer Schmarotzerpflanze ähnlich sind, welche die Säfte der Erde zum Nachteil der edlen Gewächse an sich ziehen und bessere überwuchern; dass jüdisches Übergewicht endlich mit Verarmung der christlichen Bevölkerung Hand in Hand geht.» Würde sich Kaiser Napoleon «so sehr der Judenauswanderung nach der Schweiz annehmen, wenn dieselben in seinem Reiche eine Quelle des Wohlstandes wären?» fragte der Verfasser weiter. Dem fügte er bei, lieber als ein «listiger Hebräer» wäre ihm «ein feuriger Burgunder oder Bordeaux».[26]

---

24 BA, Vertragsakten (wie Anm. 5), 74 ff.; Brand (wie Anm. 22), 78 ff.

25 BA, Verhandlungen der eidgenössischen Räte über die Verträge mit Frankreich im Herbstmonat, Bern 1864; Neue Zürcher Zeitung, 21. September – 1. Oktober 1864; Brand (wie Anm. 22), 235 ff.; Bundesblatt der schweizerischen Eidgenossenschaft, Bd. III, 1864, 39.370; Bd. III, 1865, 33 f.609.641; Neue Zürcher Zeitung, 25. Oktober – 13. November 1865.

26 SZ vom 22. Januar 1863.

Dass die Kampagne nach der Annahme des Handelsvertrags nicht allzu stark abflachte, dazu hat der kurz danach erlassene päpstliche «Syllabus errorum», eine «Zusammenstellung der hauptsächlichsten Irrtümer unserer Zeit», erheblich beigetragen.[27] Erstens bekräftigte er – auch wegen des dadurch angeheizten Antiklerikalismus – die Igelmentalität der katholisch-konservativen Innerschweiz. Und zweitens bekämpfte der «Syllabus» genau das, was der «Jude» verkörperte: die Moderne und was die Emanzipation bedeutete: den säkularisierten Staat.[28] Unter dem Titel «Die radikale Presse und der Katholik» wurden die Papst-Kritiker mit den «Juden und Heiden» verglichen, die «schon vor 1800 Jahren gegen Christus geheult» und «ihn gekreuziget» haben.[29] Der «Neuen Glarner Zeitung», die die Stärke der Proteste gegen den «Syllabus» hervorgehoben hatte, entgegnete die «Schwyzer Zeitung»: «Ohne Zweifel hätte sie das ‹Crucifice› des Judenvolkes auch ‹imposant›, vielleicht sogar ‹wohltuend› gefunden.»[30] Ganz allgemein verstärkte die Erklärung aus Rom die apokalyptische Stimmung: «Wir stehen ohnehin am Wendepunkt einer Zeit: entweder wird die Welt zum vollendeten Antichristentum oder zu einer neuen christlichen Zukunft übergehen.»[31]

Losgelöst vom historischen Kontext wäre zu untersuchen, worin sich heutige apokalyptische Stimmungen äussern. Bei Fragen von Umwelt- und Klimaschutz sind Waldsterben und auf direktes menschliches Wirken nachweislich zurückgehende (Natur-) Katastrophen unmittelbar wahrzunehmen und werden durch Kinofilme und medial eindrückliche «Dokumentationen» noch verstärkt. Doch welche Dimensionen nehmen politisch-apokalyptische Stimmungen ein? Können die akute Währungskrise in Europa und die gesellschaftlichen Veränderungen in den arabischen und islamisch geprägten Staaten rund ums Mittelmeer eventuell vorhandene apokalyptische Stimmungen hierzulande sogar noch verstärken?

Zurück in der Geschichte wird deutlich, wie nun die Mechanik der politischen Instrumentalisierung wirkt. Denn wie eng «Syllabus» und antiemanzipatorischer Widerstand, Kantonalismus und Antisemitismus zusammenhängen, erhellt das Schlüsselargument einer Artikelserie über die Bundesrevision, deren «einziges Motiv die Judenfrage» sein «soll». Mit den «Juden» wolle man auch

27 Der Syllabus, der am 8. Dezember 1864 als Annex zur Enzyklika «Quanta Cura» erschien, wurde vollständig veröffentlicht in: Katholische Schweizer-Blätter für christliche Wissenschaft, Luzern, Nr. 2, 1865, 97–122.
28 Vgl. dazu BLASCHKE (wie Anm. 12), 37.110 f.261 ff.
29 SZ vom 16. Januar 1865.
30 SZ vom 26. Januar 1865; das hier falsch geschriebene «Crucifice» heisst «kreuzige ihn» (richtig: crucifige).
31 SZ vom 22. März 1865 (IV. Teil der Serie: Noch einige Streiflichter auf die modernen Ideen).

«Ideen» verwirklichen. Es gehe «um die Umgestaltung der bisher christlich regierten Kantone in Kantone der Indifferenz und des Heidentums», um «einen neuen Schachzug gegen das ernste heilige christliche Bekenntnis».[32] Diese These schien sich zu bestätigen, als sich die beiden Kammern im Rahmen der Revisionsdebatten weigerten, den Geistlichen die Wählbarkeit in den Nationalrat zuzugestehen. Der aus Braunschweig eingewanderte Einsiedler Pater Carl Brandes, der aufgrund seiner Beiträge in der «Schwyzer Zeitung» laut Emil F. J. Büchi «zum führenden ultramontanen Publizisten der Schweiz» geworden war, beklagte sich bitter: «Die Juden, die ihren Messias erwarten, [...] die finden Gnade, aber nicht die katholischen Geistlichen, die aus dem eigenen Volk hervorgegangen, dem Lande angehören und mit ihm verwachsen sind.»[33]

Die Judenemanzipation ist ein Feldzug gegen das positive Christentum»

Hinter der Zentralschweizer Ablehnung der neun Revisions-Vorlagen steckten verschiedene Unzufriedenheiten, Befürchtungen und Proteste. Gebündelt wurden sie durch den Widerstand gegen die «Judenartikel». Auch die Franzosenfeindlichkeit und die Bewahrung der kantonalen «Souveränität» waren darin aufgehoben. Diesen «Code» (Shulamit Volkov) konnten auch die von konservativen Bundespolitikern vorgebrachten pragmatischen und utilitaristischen Argumente nicht aufbrechen. Weder der Hinweis auf die rechtliche Benachteiligung der schweizerischen gegenüber den französischen Juden noch jener auf die Gefahr einer Totalrevision im Falle einer Ablehnung der Partialrevision noch die materiellen Vorteile des Handelsvertrags brachte die Emanzipationsgegner von ihrer Haltung ab. Was über die Stimmung an Lands-, Bezirks- und Kirchengemeinden überliefert ist, bestätigt Jean-Paul Sartres Diktum, dass der Antisemitismus nicht eine «pensé», sondern eine «passion» sei.[34]

In der Judenfeindlichkeit der 1860-er Jahre vermischten sich traditionellreligiöse Elemente mit modern-nationalistischen. Dies lässt sich auch für die Theologie, insbesondere für die Predigtliteratur nachweisen. Für die Verbindung von hergebrachtem Antijudaismus und neuem Antisemitismus stand den Emanzipationsgegnern ein dichtes und mächtiges Bild zur Verfügung: das Schweizerkreuz. Vor allem der Piusverein, der in einer starken personellen und

---

32 SZ vom 30. Juni 1865.

33 SZ vom 9. November 1865; MÜLLER BÜCHI (wie Anm. 6), 86 f.; Neue Zürcher Zeitung vom 29. Oktober und 12. November 1865.

34 Shulamit VOLKOV, *Antisemitismus als kultureller Code*, in: DIES., *Jüdisches Leben und Antisemitismus im 19. und 20. Jahrhundert*, München 1990, 21; Jean-Paul SARTRE, *Réflexions sur la question juive*, Paris 1946, 11 f.

ideologischen Kontinuität zum antinationalen Sonderbund stand, sich aber mit der Existenz des Bundesstaates abgefunden hatte, griff dieses Symbol auf, um es antiliberal-antilaizistisch umzudeuten und religiös-nationalistisch zu besetzen. Für diesen Zweck liess sich «der Jude», der in der christlichen Lehre und Ikonographie unter dem Kreuz stehend den «Antichristen» verkörperte, bestens instrumentalisieren.[35] Das konservative Nationsverständnis, das nicht von der Idee des politischen Bürgerwillens, sondern von einer ausserpolitischen Gegebenheit ausging, erleichterte nicht nur die ethnische Ausgrenzung des «Fremden». Es trug auch dehumanisierende und protorassistische Züge. «Juden sind Juden, Art lässt nicht von Art, es ist der Wucher, die Hinterlist ihnen zur zweiten Natur [...] gemacht worden», schrieb die «Schwyzer Zeitung» im Abstimmungskampf.[36]

Da der «Gottesmord», was die meisten Gläubigen «wussten», zwar unter jüdischer Anleitung, aber mit «heidnischer» Beteiligung begangen worden war, diente das Kreuz nicht nur der Ausgrenzung der Juden, sondern auch der aller laizistischen «Feinde des positiven Christentums». Dass die «beschnittenen und unbeschnittenen Juden» miteinander verschworen seien, liess sich auch sprachlich einfach und wirkungsvoll ausdrücken und verbreiten. Man kombinierte das Wort «Jude» mit irgendeinem Substantiv und betitelte zum Beispiel den Freisinn mit «Judenpartei». Die Sprachwissenschaftlerin Nicoline Hortzitz hat in einer Untersuchung aufgezeigt, wie «ein neutrales oder positiv bewertetes Lexem» vor allem bei «Ad-hoc-Bildungen [...] durch die Komposition mit dem Bestimmungsworte Jude eine negative Markierung» erfährt.[37]

Der Einsatz der erwähnten Bilder und Begriffe hatte bei der Abstimmung von 1866 eine umso durchschlagendere Wirkung, als sie während vier Jahren in einer Art Kampagne dem «christlichen Schweizervolk» eingebleut worden waren. Viele deren Vordenker und Propagandisten waren im Piusverein organisiert, einem dichten und dynamischen Netzwerk von ultramontanen Geistlichen und Laien. Das Grundmotiv für den Innerschweizer Widerstand gegen die Judenemanzipation waren nicht die Juden als solche, sondern war das, was «der Jude» im katholisch-konservativen Selbstverständnis bedeutete. «Die ‹Verjudung› war eine Chiffre für den Dekatholisierungsprozess, weil dem Deutungsmono-

---

35 Vgl. dazu Josef LANG, *Kein Platz für Juden neben dem «weissen Kreuz im roten Feld»*. Die Schweizerische Kirchenzeitung und der Antisemitismus (1832–1883), in: Neue Wege. Beiträge zu Christentum und Sozialismus 91 (1997), 84–90.

36 SZ vom 16. Dezember 1865; vgl. dazu Rainer ERB/Werner BERGMANN, *Die Nachtseite der Judenemanzipation. Der Widerstand gegen die Integration der Juden in Deutschland 1780–1860*, Berlin 1989, 174 ff.

37 Nicoline HORTZITZ, *Frühantisemitismus in Deutschland (1789–1871/72). Strukturelle Untersuchungen zu Wortschatz, Text und Argumentation*, Tübingen 1988, 229 ff.

pol der Kirche mehr und mehr alternative Angebote gegenüberstanden, aber auch, weil schon der einzelne Katholik von der Zersetzung, vom Gottesverrat, befallen zu werden drohte.» Diese These Olaf Blaschkes über den deutschen Katholizismus passt bestens zur zentralen Aussage der «Schwyzer Zeitung» im Abstimmungskampf «Die Judenemanzipation ist ein Feldzug gegen das positive Christentum.»[38] Je mehr das «neue Heidentum», mit dem laut «Kirchenzeitung» «unser einst so glückliche[s] Land verjüdelt[39]» wird, als Bedrohung «für unsere Vätersitten und unseren religiösen Glauben»[40] empfunden wurde, desto stärker war die Neigung zum Ultramontanismus und zum Antisemitismus.

Die Zentralschweizer Bewegung gegen die Judenemanzipation beweist, dass es zur Judenfeindlichkeit keine Juden und auch keine materiellen Beweggründe braucht. Sie zeigt weiter, dass zwischen traditionellem Antijudaismus und modernem Antisemitismus ein fliessender Übergang besteht und dass sich an dessen Bildung auch traditionalistisch gesinnte Antimoderne beteiligt haben. Der Antisemitismus ist älter als der 1879 erstmals aufgetauchte Begriff.[41] Inhaltlich und organisatorisch war die Zentralschweizer Bewegung gegen die Judenemanzipation durchaus auf der Höhe der Zeit.

Auch müssen nicht zwingend eigene strukturelle, wirtschaftliche oder politische Probleme vorliegen. Am Beispiel der Innerschweiz, in der es keine Juden gab, lässt sich belegen, dass man auch keine «importierten Probleme der Fremden» haben musste, um eine diffuse Angst vor «den Fremden» zu begründen und zu schüren. Denn Angst funktioniert gerade dort, wo man es nicht besser weiss.

38 BLASCHKE (wie Anm. 12), 268; SZ vom 16. Dezember 1865.
39 Siehe zum Zusammenhang von «Verjüdelung» und Säkularisierung auch Josef LANG, *Ultramontanismus und Antisemitismus in der Urschweiz – oder: Der Kampf gegen die Säkularisierung von Staat und Gesellschaft (1858–1878)*, in: Olaf BLASCHKE/Aram MATTIOLI (Hg.), *Katholischer Antisemitismus im 19. Jahrhundert*. Ursachen und Traditionen im internationalen Vergleich, Zürich 2000, 337–372.
40 Eine Stimme aus der Urschweiz, in: SKZ vom 19. September 1863.
41 Vgl. dazu die Einwände von ERB/BERGMANN (wie Anm. 36), 10 ff. gegenüber Reinhard RÜRUP, *Emanzipation und Antisemitismus*. Studien zur «Judenfrage» der bürgerlichen Gesellschaft, Göttingen 1975.

Sicherheit versus Freiheit?[1]

Dick Marty

Das neue Jahrtausend

Der Übergang zum neuen Jahrtausend liesse sich mit einigen Daten markieren. Ein sehr starkes Signal hatte es bereits am 9. November 1989 mit dem Fall der Berliner Mauer gegeben. Er erschütterte das geopolitische Gleichgewicht der Welt. Weitere, sehr unterschiedliche, aber bedeutende Ereignisse bilden das ausserordentliche Ausmass der Umwälzungen ab. Am 11. September 2001 fallen die Twin Towers, Symbole eines starken und unbesiegbaren US-Staates, wie ein Kartenhaus in sich zusammen. Und selben Tags verübt eine Terroristengruppe einen Anschlag auf das neuralgische Zentrum der mächtigsten Militärmacht, die je existierte, das Pentagon. Am 2. November 2005 enthüllt Dana Priest in der Washington Post, dass in Staaten des demokratischen Europas geheime Gefangenenlager existieren, die ausserhalb jeglichen Rechtsrahmens stehen. Die Nachricht wird am gleichen Tag von Human Rights Watch bestätigt und präzisiert. Am 8. August 2008 werden die Olympischen Spiele in Peking eröffnet – ein fühlbares Zeichen für eine neue und beeindruckende geopolitische Wirklichkeit. Ein noch nie da gewesener Finanzumbruch, der alle Märkte betrifft, beginnt am 15. September 2008 mit dem Bankrott von Lehman Brothers. Er zwingt die liberalen Staaten ihre eigenen Grundsätze zu verneinen und öffentliche Gelder für die Rettung ihrer grössten systemrelevanten Banken einzusetzen. Am 19. August 2009 unterschreibt die Schweiz eine aussergerichtliche Einigung mit den USA; der steinharte Mythos des schweizerischen Bankgeheimnisses bröckelt.

Diese Beispiele stellen ausser Zweifel, dass tatsächlich ein neues Jahrtausend begonnen hat. Eine neue Welt entsteht. Eine bessere Welt?

---

1   Italienisches Original in: Nuova Società Helvetica (Hg.), *Zwischen Einigkeit und Zwiespalt/ Entre union et discorde/Tra unione e discordia/Tranter union e dischuniun*, 2010, 77 ff.

Terrorismus: unterschiedliche Antworten

Der Terrorismus entsteht nicht mit dem Angriff auf die Twin Towers. Doch an jenem 11. September nimmt das Phänomen eine neue Grössenordnung an, und in seiner Qualität vollzieht es einen bemerkenswerten Sprung nach vorn. Die Bedrohung betrifft den ganzen Planeten, niemand kann sich sicher wähnen. Die spektakuläre Tat ist sicherlich beispiellos. Doch nachdem die ersten Emotionen abgeklungen sind, können die verunsichernden Schwachpunkte in der US-amerikanischen Verteidigung und die mangelnde Vorbereitung auf derartige Bedrohungen nicht verschwiegen werden. Umso erstaunlicher ist dieser Mangel angesichts der Tatsache, dass die Geheimdienste von eigenen glaubwürdigen Auslandkorrespondenten gewarnt worden waren, dass etwas Gravierendes und Aufsehen Erregendes in Vorbereitung war. Viele Fragen in diesem Zusammenhang bleiben bis heute unbeantwortet.

Mehrere europäische Staaten mussten in den letzten Jahrzehnten bedeutenden und gefährlichen Erscheinungsformen des Terrorismus begegnen: Deutschland der RAF, Grossbritannien der IRA, Spanien der ETA und Frankreich der Action Directe. Europa hat den Terrorismus mit den Instrumenten des Rechtsstaates bekämpft: mit Polizei, mit Gerichten und gemäss der Europäischen Menschenrechtskonvention gerechten Strafprozessen.

«Italien kann mit Stolz festhalten, dass es den Terrorismus in den Gerichtssälen und nicht in den Stadien besiegt hat», rief Staatspräsident Pertini am Schluss der «bleiernen Jahre» aus. Trotz zahlreichen Toten und dem direkten Angriff auf die Institutionen liess der Staat sich nicht dazu verleiten, Mittel einzusetzen, die womöglich wirksam schienen, aber der Rechtsordnung eines zivilen Staates entgegenstanden. Der Chef der italienischen Terrorismusabwehr selbst, Carabinieri-General Carlo Alberto Dalla Chiesa, erklärte: «Italien kann ohne Aldo Moro überleben, Italien würde die Einführung der Folter hingegen nicht überleben.» Die Aussage des Polizisten erfolgte in einem der dramatischsten Momente des terroristischen Angriffes auf den Staat. Sie war ein sehr starkes Zeichen für die bemerkenswerte ethische Integrität des Sprechenden sowie der Institutionen, die dieser vertrat.

Nach dem furchtbaren Attentat auf den Pendlerzug in Madrid am 11. März 2004 reagierte auch Spanien mit grosser Würde. Noch im Moment der höchsten Emotionen erklärte König Juan Carlos als oberste staatliche Autorität, die Institutionen würden unter Einhaltung der Gesetze handeln: Die Verantwortlichen wurden identifiziert, für schuldig befunden und in einem vorbildlichen öffentlichen Prozess, der nach dem geltenden Recht geführt worden war, verurteilt. Anders, dramatisch anders entschied die Regierung Bush.

Die Antwort Bushs

Wenige Tage nach dem 11. September berief der Präsident der Vereinigten Staaten eine ausserordentliche Sitzung ein, in der die Strategie zur Bekämpfung der Al Kaida-Terroristen festgelegt wurde. Der Geheimdienst CIA erhielt so umfangreiche Befugnisse wie nie zuvor. Während einer geheimen Sitzung der NATO in Brüssel forderten die Vereinigten Staaten die Anwendung von Art. 5 des Nordatlantikvertrags von 1949, wonach die Mitglieder der Allianz dem Land, das Ziel eines militärischen Angriffs wird, Zusammenarbeit und Beistand schulden. Insbesondere wurde vereinbart, dass die US-amerikanischen Geheimdienste die Militäroperationen leiten würden. Deren Agenten könnten sowohl auf die Unterstützung der Geheimdienste der Mitgliedstaaten zählen als auch mit ihrer vollständigen Immunität in den verschiedenen Einsatzländern rechnen. Die Vereinbarung wurde auch auf jene Staaten ausgeweitet, die sich um eine Mitgliedschaft in der NATO beworben hatten, sowie auf einige nicht näher bestimmte Mitgliedstaaten der «Partnerschaft für den Frieden» (ein Instrument der Zusammenarbeit zwischen der NATO und den Partnerstaaten, darunter auch die Schweiz). Die Einzelheiten dieser Operation unterstellte die NATO höchster Geheimhaltung.

Viel Zeit verstrich, Hindernisse sowie Vorbehalte seitens der Regierungen verschiedener involvierter Staaten mussten überwunden werden. Dann erst war es möglich, die Einzelheiten der Strategie und der Methoden zu erfahren, die von der US-amerikanischen Regierung in Zusammenarbeit – unter Komplizenschaft – zahlreicher europäischer Staaten angewendet worden waren[2].

Die Denkweise der Regierung Bush war sehr einfach: Der Terrorismus kann nicht mit den gewöhnlichen Instrumenten des Rechtsstaates bekämpft werden. Polizei, Richter und Gerichte seien nicht geeignet, um dieser neuen Form von Bedrohung zu begegnen. Es handle sich um einen Krieg, behauptete Bush. Angenommen, es ist wirklich ein Krieg, kommen die Genfer Konventionen zur Anwendung. Sie verbieten geheime Gefangenenlager und garantieren dem Internationalen Komitee vom Roten Kreuz das Recht, die Kriegsgefangenen frei zu besuchen. Die US-amerikanische Regierung antwortet, man sei nicht mit einem traditionellen Konflikt unter strukturierten Armeen konfrontiert. Es handle sich vielmehr um einen asymmetrischen Krieg. Neue Regeln seien daher notwendig;

---

2 Vgl. die beiden in einem Buch versammelten Rapporte, die ich der Abgeordnetenversammlung des Europarats vorgelegt habe: CONSEIL DE L'EUROPE (Hg.), *La CIA au-dessus des lois?* Détentions secrètes et transferts illégaux de détenus en Europe –, Point de vue – Point de droit, Strasbourg 2008, 11–277 (englische Ausgabe: *CIA above the law?* Secret detentions and unlawful inter-state transfers of detainees in Europe).

jene, die Präsident Bush ausserhalb der Normen und gegen den Geist des Völkerrechts definiert. Gemäss dem Präsidenten der Vereinigten Staaten stellt also der Rechtsstaat einen Luxus dar, er ist nur für Schönwetterlagen vorbehalten. Die Botschaft ist eindeutig, sie wird zum politischen Programm: Die Sicherheit kommt vor der Gerechtigkeit und dem Recht. Auf Kosten der Freiheit.

Die Tyrannei mit den Waffen des Tyrannen bekämpfen

Sicherheit statt Gerechtigkeit; eine Überzeugung, die viele teilen, selbst die Medien. Sie wird auch zur Rechtfertigung des Irak-Krieges herbeigezogen – mit dem uns bekannten Resultat. Doch nicht alle passen sich an. In einem Urteil des Supreme Court der Vereinigten Staaten vom 28. Juni 2004 schreibt die Richterin Sandra Day O'Connor, den Kampf gegen den Terrorismus betreffend: «Wenn dieses Land den Werten, für die sein Wappen steht, treu bleiben will, kann und darf es die Tyrannei nicht mit den Waffen des Tyrannen bekämpfen.»[3] Genau dies tat aber die Regierung Bush. Die gewählten Methoden standen nicht nur dem Völkerrecht entgegen, sondern genauso der Verfassung und den Gesetzen der Vereinigten Staaten. Die US-amerikanische Führung war sich dessen vollkommen bewusst: Sie versuchte sich der Kontrolle des eigenen Rechtssystems zu entziehen, indem sie die logistische und operative Struktur gegen den Terrorismus ausserhalb der Vereinigten Staaten verlegte. Nebst Guantanamo auf der Insel Kuba, Abu Grahib in Bagdad und Bagram in Kabul gab es verschiedene geheime Gefangenenlager in Polen, Rumänien und in weiteren Ländern. Diese Lager waren in ein äusserst dichtes Netz von Flugverbindungen integriert, die die besonderen Privilegien für Regierungsflugzeuge nutzten (keine Überwachung, keine Kontrolle am Boden: niemand kontrolliert, wer am Bord ist, welche Waren transportiert werden). Seit dem Jahr 2002 stellten diese Gefangenenlager einen Apparat zur Bekämpfung des Terrorismus dar, der ausserhalb jeglicher Rechtsordnung sowie rechtlichen und politischen Kontrolle stand.

Hunderte Personen, alles Muslime, die der Komplizenschaft oder der Sympathie mit dem islamischen Terrorismus verdächtigt wurden, wurden «festgenommen» – in Tat und Wahrheit wurden sie gekidnappt. Dies geschah in zahlreichen Ländern unter Federführung der CIA, oft konnten sie auf die Zusammenarbeit – die Komplizenschaft – der Geheimdienste vor Ort zählen. Die «Verhafteten» wurden in eines der «Gefängnisse» des Apparates transportiert oder den Behörden ihres Herkunftslandes übergeben, wo sie aufgrund ihrer Opposition gegen

---

3 Übersetzung aus dem Englischen; Originalzitat online unter http://fiacat.org/en/spip.php?article465 («Conclusion»).

das Regime verfolgt wurden. Diese «extraordinary renditions»[4] waren nichts anderes als ein Mittel, die Folter ausserhalb des US-amerikanischen Territoriums zu verlegen: Ungeachtet aller Regeln und Schutzbestimmungen zum Ausschaffungsvorgang wurden die Verdächtigen in Staaten verbracht, in denen die Folter bekanntlich gängige Praxis war. So konnte Präsident Bush behaupten, die Vereinigten Staaten hätten nicht von der Folter Gebrauch gemacht – was einer gehörigen Portion Heuchelei nicht entbehrt.

Ein viel sagendes Beispiel ist jenes von Abu Omar, dem Imam ägyptischer Herkunft der Mailänder Moschee. Da er in seiner Heimat verfolgt wurde, hielt er sich als politischer Flüchtling in Italien auf. Nach einigen Jahren wurde er im Februar 2003 mitten in der Innenstadt Mailands von rund zwanzig CIA-Agenten festgenommen und an die ägyptischen Behörden ausgeliefert. Agenten der SISMI, des militärischen Geheimdienstes Italiens, unterstützten ihre amerikanischen Kollegen bei deren Operation. Die italienische Justiz konnte die Fakten rekonstruieren und die Verantwortlichkeiten ermitteln. Das Mailänder Gericht verurteilte die beteiligten amerikanischen Agenten in Abwesenheit zu Gefängnisstrafen von fünf und acht Jahren. Gegen die Agenten wurde ein internationaler Haftbefehl erlassen. Die italienische Regierung weigerte sich jedoch, ihn den US-amerikanischen Behörden zu übermitteln (zwischen den beiden Ländern besteht ein Abkommen, das die gegenseitige Auslieferung eigener Bürger vorsieht).

Trotz der verneinenden Aussagen erscheint es heute als Tatsache, dass der CIA entwürdigend vorgegangen ist sowie Folter angewendet hat. Gemäss der offiziellen Ausdrucksweise handelte es sich um «verstärkte Befragungsmethoden». Dazu gehören z. B. «waterboarding» oder Schlafentzug, das Aussetzen abwechselnd extremer Hitze und Kälte, Licht oder hohen Frequenzen. Entgegen der Lehre in Internationalem Recht und Internationalen Verträgen behauptete die Bush-Administration, diese Handlungen stellten keine Folterungen dar, da sie keine bleibenden und sichtbaren Verletzungen hinterliessen. Wir wissen von weit schlimmeren Misshandlungen. Die furchtbaren Aufnahmen aus Abu Grahib bezeugen sie auf dramatische Art und Weise.

Staatsräson

Indem die Befugnisse der Exekutive verstärkt wurden, hat der Kampf gegen den Terrorismus die Gleichgewichte unter den Institutionen durcheinandergebracht.

---

4   «Ausserordentliche Auslieferung» ist die juristische Formulierung für die Überstellung von so genannten Terrorverdächtigen aus einen Staat in einen anderen ohne gesetzliche Absicherung.

Dabei hat die Legislative ihre politische Kontrollfunktion eingebüsst zugunsten derjenigen, die der Exekutive zugeteilt wurde. Auf diese Weise wurden die Grundsätze des Staates in Frage gestellt und nicht selten auch eindeutig missachtet. Die US-amerikanische Regierung hat hunderte Personen entführt, sie der Justiz entzogen, über Jahre illegal gefangen gehalten sowie unmenschlichen und erniedrigenden Behandlungen ausgesetzt. Dies geschah ausserhalb des US-amerikanischen Gebietes und nie zum Schaden amerikanischer Bürger (eine Art Apartheid). Möglich war all dies dank der Mitarbeit oder der Toleranz – also die aktive oder passive Komplizenschaft – zahlreicher europäischer Regierungen und anderer Staaten in der Welt. Dazu gehörten als «Schurkenstaaten» betitelte Länder, also Mitglieder der so genannten «Achse des Bösen». Unter Berufung auf das «Staatsgeheimnis» und die «höheren Interessen des Landes» wurde allerorts jeglicher Versuch, die Wahrheit zu erfahren, von den Regierungen systematisch behindert. Menschen wurden entführt und gefoltert, um später herauszufinden, dass sie keinerlei Bezug zu terroristischen Aktivitäten hatten (es kam zu Verwechslungen, einfach weil man den gleichen Namen trug). Nach ihrer Freilassung konnten diese Personen auf dem Gerichtsweg keine Entschädigung für den erlittenen Schaden einfordern. Dies weil sich die US-amerikanische Regierung unter Berufung auf das Staatsgeheimnis und der nationalen Verteidigung systematisch weigerte, die nötigen Akten auszuhändigen. Regierungen aus dem linken und dem rechten Lager behinderten in Italien sowie in Deutschland die Justiz und das Parlament hartnäckig bei ihrer Suche nach der Wahrheit. In anderen Ländern wurde einfach alle Beteiligung abgestritten und die Aufnahme jeder Form von Untersuchungen abgelehnt.

Sicher, bestimmte Informationen müssen geheimgehalten werden, weil ihre Verbreitung das Leben anderer Personen sowie wichtige Interessen gefährden könnte. In diesem Sinne darf die Idee des «Staatsgeheimnisses» nicht angefochten werden. Beim dargestellten Tatbestand wurde sie aber ganz offensichtlich missbraucht: Die Berufung auf das Geheimnis diente in diesen Fällen dazu, die kriminellen Taten von Regierungsagenten zu verbergen. Deshalb mussten die gerichtlichen und parlamentarischen Untersuchungen verhindert werden.

Die Versuchung, sich auf die Staatsräson zu berufen, kennt auch die Schweiz. Beunruhigende Fragen zum korrekten Funktionieren der Institutionen wirft z. B. die Tinner-Affäre auf: Gestützt auf eine fragwürdige Rechtsbasis griff die Regierung in ein laufendes Strafverfahren ein, beschlagnahmte Beweismaterial und vernichtete es. Der Verdacht wiegt schwer, dass es eher darum ging, die Wahrheit bezüglich der inländischen sowie ausländischer Geheimdienste zu verbergen. Letztere waren in unserem Land bereits seit Jahren in der trüben Welt des Schmuggels und des nuklearen Wissens aktiv. Noch verunsichernder sind allerdings die dürftigen Reaktionen der Politiker, als wären diese institutionellen Aspekte nicht von grundlegender Bedeutung.

UNO und EU

Der Kampf gegen den Terrorismus scheint heute das unanfechtbare Argument zur Begründung von Gesetzen und Handlungen, die im Gegensatz zu unserer demokratischen und rechtsstaatlichen Tradition stehen.

Auf den Kampf gegen den Terrorismus berief sich selbst die Organisation der Vereinten Nationen, als sie Strafmechanismen einführte, die den Grundsätzen einer sich auf die Unparteilichkeit und auf die Vorrangstellung des Rechts stützenden Gesellschaft widersprechen. Wird eine Person oder eine Vereinigung verdächtigt, den Terrorismus zu unterstützen, reicht für den Sicherheitsrat die Anzeige durch eine einzige Regierung, um sie auf eine «schwarze Liste» zu setzen. Die Folgen sind verheerend: Beschlagnahmung der Güter auf der ganzen Welt; die Verunmöglichung jeglicher Geschäftätigkeit; das Verbot, das eigene Land zu verlassen – eine Art ziviler Tod also. Es gibt keine wirkliche Möglichkeit sich zu verteidigen, und vor allem kann man sich nicht an eine unabhängige Rekursinstanz wenden. Bekannt ist der Fall des Ingenieurs Nada: Während acht Jahren steht sein Name auf der «schwarzen Liste» der UNO, der siebzigjährige Unternehmer erleidet einen enormen Wirtschaftsschaden sowie Reputationsverlust. Er wird in der kleinen Enklave «Campione d'Italia» festgehalten. Mehrere Jahre bleibt Nada auf der Liste, selbst nachdem eidgenössische und Mailänder Gerichte unabhängig voneinander eindeutige Urteile zur Einstellung des Verfahrens aussprechen. Auch die Europäische Union hat ein analoges System eingeführt, das nun von den juristischen Instanzen der Gemeinschaft angefochten wird. Just jene Stellen, die die Werte der Demokratie, des Friedens und der Gerechtigkeit verbreiten sollten und ihre Ideale schon immer mit grossem Nachdruck verkündet haben, greifen auf vollkommen entgegengesetzte Mittel zurück. Wie soll man durch eine derartige Feststellung nicht verunsichert sein?[5]

Die Entwertung der Werte

Dank der mehr oder weniger aktiven Mithilfe Europas und der übrigen Welt betrieb die Bush-Regierung eine Politik, die bis anhin als unantastbar erachtete

---

5 Vgl. meinen Bericht zu den schwarzen Listen der UNO und der EU, den ich im Januar 2008 der Abgeordnetenversammlung des Europarates vorgestellt habe: http://assembly.coe.int/mainf. asp?Link=/documents/workingdocs/doc07/fdoc11454.htm.

Werte relativierte. Der Rechtsstaat, das Kriegsrecht und das absolute Folterverbot wurden zur Diskussion gestellt, da sie als lästige Hindernisse im «Krieg gegen den Terrorismus» erachtet wurden. Amerikanische wie europäische Intellektuelle haben scharfsinnig über die Notwendigkeit debattiert, in besonderen Fällen zur Folter greifen zu können, obwohl die jahrhundertelange Erfahrung ihre Nutzlosigkeit beweist. Nicht zufällig hat sich der republikanische Senator John McCain, bei den letzten Präsidentschaftswahlen ein Gegner Barack Obamas, bezüglich des Einsatzes der Folter gegen Bush gestellt. Er stützte sich dabei auf seine eigenen furchtbaren Erfahrungen in den Gefängnissen des Vietcong in Hanoi.

Gegen den islamischen Terrorismus wurde mit Mitteln vorgegangen, die offensichtlich sowohl gegen nationales wie internationales Recht verstossen; mit den moralischen Vorstellungen, die in den meisten zivilisierten Ländern vorherrschen, stimmen sie ebenso nicht überein. Sind sie wenigstens wirksam?

Die terroristische Bedrohung ist echt, und es wäre unverantwortlich, ihre Gefahr herunterzuspielen. Allerdings zeugt es nicht von Verantwortungsbewusstsein, wenn daraus ein Schreckgespenst gemacht wird, das Ängste schürt und Massenpsychosen hervorruft. Deren Ziel ist die Einführung von Regeln und Methoden, die eine demokratische, auf den Vorrang des Rechts gestützte Gesellschaft unter normalen Bedingungen nie anwenden würde. Viel mehr Menschen fallen heute anderen, ebenso tückischen und gefährlichen Bedrohungen zum Opfer: dem Menschenhandel, dem Waffen- und Drogenhandel, der Korruption – um nur einige Beispiele zu nennen. Um diese kriminellen Erscheinungen zu bekämpfen, hat nie jemand vorgeschlagen, den Rechtsweg zu verlassen. Im Gegenteil: Der Mangel an Mitteln, die gegen dieses Elend eingesetzt werden, ist offensichtlich.

Mit ihrem «Krieg gegen den Terrorismus» hat die Bush-Administration vielmehr der Förderung und dem Schutz der Menschenrechte einen enormen Schaden eingebracht. Während langer Zeit galten die Vereinigten Staaten und Europa als Musterbeispiele in Sachen Demokratie, Rechtsstaat und Menschenrechte. Indem irrationale Ängste geschürt und auch ausgenutzt wurden, fand eine Relativierung dieser Werte statt. Mit welcher Autorität, mit welcher Glaubwürdigkeit können wir nun die Verletzungen der Menschenrechte in Tschetschenien, China oder Myanmar anprangern?

Die neue US-amerikanische Regierung hat klar ausgedrückt, dass sie nicht mit allen Entscheidungen der Vorgängerregierung zur Terrorismusabwehr einverstanden ist. Doch sie wird mit enormen Problemen konfrontiert werden: Was tun mit den Personen, die in Guantanamo ohne jeden Beweis festgehalten wurden und die kein Land aufnehmen möchte (gerade weil sie in Guantanamo waren)? Was tun mit jenen Personen, gegen die schwerwiegende Indizien der Mitwirkung bei terroristischen Handlungen vorliegen? In Anbetracht der Art, wie es erhoben wurde, wird kaum je ein Gericht das entsprechende Beweismaterial akzeptieren können. Dies ist nämlich eine der Folgen, die aus der Pervertierung des Systems durch die Bush-Regierung resultiert: Personen, die äusserst gravierender Vergehen verdächtigt sind, kann kein korrekter Prozess gemacht werden. In Wirklichkeit hat die Politik Bushs wahrscheinliche Kriminelle in Opfer verwandelt und Sympathien für sie geweckt. Sie haben sogar eine gewisse Rechtmässigkeit erhalten, nämlich jene, gegen einen Staat zu kämpfen, der illegale Mittel benutzt. Ein öffentlicher Prozess gegen diese Kriminelle, gestützt auf ein korrektes Ermittlungsverfahren, hätte der Welt, auch den misstrauischsten Beobachtern, die Grausamkeit ihrer Verbrechen und die absolute Widersprüchlichkeit ihrer so genannten Ideale aufgezeigt. Vor allem hätte er auch bewiesen, dass die Demokratie und der Rechtsstaat die Stärksten sind. Bereits General Dalla Chiesa hatte vor jeglichem staatlichen Tun gewarnt, das Sympathie für die Terroristen hervorrufen könnte. Er erachtete die Sympathisanten als gefährlicher als die Terroristen selbst, denn sie bedeuteten für diese eine Legitimierung und eine Anregung, aktiv zu werden. Wiederholt sagte er, die Sympathisanten seien für den Terrorismus wie der Sauerstoff für das Feuer.

Der demokratische Rechtsstaat hat zweifelsohne die Mittel und die Kapazität, der terroristischen Bedrohung zu begegnen. Manche Regeln und Mittel müssen sicherlich angepasst und verfeinert werden, auch die internationale Zusammenarbeit ist noch äusserst mangelhaft.

Allerdings wird die Antwort auf den Terrorismus stets mangelhaft und unvollständig bleiben, wenn kein wirksames Engagement im Bereich der Prävention geleistet wird. Solange keine Lösung für den Nahost-Konflikt gefunden wird, werden wir terroristischen Erscheinungen nicht entfliehen können. Seit über sechzig Jahren leben Tausende Personen in Flüchtlingslagern: Wie sollen wir nicht befürchten müssen, dass Jugendliche, die nie einen Hoffnungsschimmer gesehen haben, ausserhalb dieser Lager völlig unberechenbar werden könnten?

Und die Schweiz? Unser Land hat die Existenz von Guantanamo zaghaft angeklagt. Doch auch bei dieser Gelegenheit ist es dem mächtigen Verbündeten mit übertriebener Ehrfurcht, um nicht zu sagen Unterwürfigkeit, begegnet (was zudem unbefriedigend vergolten wurde, wie jüngere Ereignisse zeigen). Die Schweiz als Land, in dem das Internationale Rote Kreuz seinen Hauptsitz hat und in dem die Genfer Konventionen hinterlegt sind, hat eine besondere Verantwortung, eine Mission: die Werte der Demokratie und des Rechtsstaates zu verteidigen und daran zu erinnern, dass die Ungerechtigkeit die wertvollste

Verbündete des Terrorismus ist. Ungerechtigkeit zu bekämpfen, ist somit das wirksamste Mittel im Kampf gegen den Terrorismus.

Aus dem Italienischen von Arianna Maineri Luterbacher

Es begann mit dem Bettagsaufruf

Ein Erfahrungsbericht aus dem medial geprägten Politik-Alltag

Anton Schwingruber

«Kirchensteuern für Moscheen?» Die Frage kam am 11. September 2009 als dominante Schlagzeile auf die Frontseite der «Neuen Luzerner Zeitung». Die Luzerner Muslime wollten «den Islam zur Landeskirche erklären», wusste die Zeitung in ihrer Story des Tages zu berichten, der Regierungsrat erarbeite ein entsprechendes Gesetz. Fragezeichen hin oder her – das Echo auf den Bericht in Form von Leserbriefen und Mails verängstigter Bürgerinnen und Bürger an den zuständigen Regierungsrat war lautstark und schonungslos. Hatten da, zwei-einhalb Monate vor dem Urnengang, die Minarett-Gegner bereits den Abstim-mungskampf für die Minarett-Initiative eröffnet?

Muslime als «Retter des Bettags»

Gewiss hat der brisante Volksentscheid vom 29. November 2009 seine Schat-ten vorausgeworfen. Ausgelöst aber wurde die mediale Aufregung um Islam, Moscheen und Kirchensteuer, von der hier die Rede ist, ausgerechnet durch den so genannten Bettagsaufruf, den im Kanton Luzern der Regierungs-rat und die Landeskirchen jeweils im Vorfeld des Eidgenössischen Dank-, Buss- und Bettags an die Bevölkerung richten. Der Aufruf 2009 stand im Zeichen von zwei Neuerungen: Erstens wurde er von einer vielsprachigen Plakataktion unter dem leicht provokativen Motto «Sag schön Danke» be-gleitet. Zweitens hatte neben den drei christlichen Landeskirchen erstmals auch die Islamische Gemeinde Luzern den Aufruf unterzeichnet. Am 2. Sep-tember 2009 erläuterten Vertreter der unterzeichnenden Institutionen ihr Engagement für die Bettagsaktion. Tags darauf konnte man in der «Neuen Luzerner Zeitung» die Schlagzeile lesen: «Muslime sollen Bettag retten». Anders verstand der «Willisauer Bote» die Botschaft: «Aktion für gemein-same Werte» lautete der Titel seines Berichts in der Ausgabe vom 4. Septem-ber. Eine Woche später war dann der öffentliche Diskurs über die Integration muslimischer Gemeinschaften bei den «Kirchensteuern für Moscheen» angelangt. Oder wie der Zürcher «Tages-Anzeiger» titelte: «Luzerner Muslime wollen Steuergelder».

Verfassungsauftrag pendent

Zurück zu den gefestigten Tatsachen. Die Verfassung des Kantons Luzern von 2007 bestimmt in § 79 Abs. 1 und 2: «Die römisch-katholische, die evangelisch-reformierte und die christkatholische Landeskirche sind anerkannte Körperschaften des öffentlichen Rechts. Der Kantonsrat kann weitere Religionsgemeinschaften als öffentlichrechtliche Körperschaften anerkennen. Das Gesetz regelt die Voraussetzungen und das Verfahren.» Ein solches Gesetz ist bis heute nicht erlassen worden. Es besteht aber die Absicht, in absehbarer Zeit die dazu notwendigen Vorarbeiten aufzunehmen, um dem Verfassungsauftrag nachzukommen. Primär geht es dabei, unabhängig von einer konkreten Religionsgemeinschaft, um die Festlegung der Voraussetzungen wie etwa demokratische Strukturen oder transparente Finanzierung, die eine Religionsgemeinschaft im Hinblick auf die öffentlichrechtliche Anerkennung erfüllen muss.

Vermittlung mit Schlagseite

Dass die Islamische Gemeinde Luzern – sie ist eine von mehreren islamischen Organisationen im Kanton – erstmals den gemeinsamen Bettagsaufruf mitunterzeichnete, sollte das gute gegenseitige Einvernehmen der Religionsgemeinschaften im Kanton Luzern zum Ausdruck bringen. Mehr liess sich aus dieser Beteiligung nicht ableiten, wie auf Kantonsseite schon im Vorfeld der Aktion festgehalten wurde. Die mediale Vermittlung hat dann aber einerseits die Muslime zu den «Rettern» des Bettags hochstilisiert, anderseits in Folgegeschichten das Zerrbild von Steuergeldern für Moscheen und Minarette an die Wand gemalt. Aufgeschreckte Bevölkerungskreise reagierten heftig auf die Perspektive, dass in absehbarer Zeit eine muslimische Gemeinschaft öffentlichrechtlich anerkannt werden und «Kirchensteuern» erheben könnte. Dass sie dazu strenge Voraussetzungen erfüllen müsste, wurde überhört.

Empörte und Verängstigte

Die Empörten und Verängstigten – dank Internet im In- und Ausland – verschafften sich Luft in einer ungewöhnlich hohen Zahl von Leserbriefen sowie Zuschriften und Mails an den für Religionsfragen zuständigen Bildungs- und

Kulturdirektor. Hier eine Auswahl von kurzen Zitaten, in denen sich die vorherrschende Stimmung und Argumentation abbildet:

«Vorsicht ist geboten …»

«Der Islam ist mit der Bundesverfassung nicht kompatibel.»
«Die Utopie einer Integration der Muslime und Musliminnen in ein freiheitliches demokratisches Wertesystem ist eine Illusion.»
«Stopp der systematischen Unterwanderung!»
«Es wird Toleranz bis zum Gehtnichtmehr gepredigt.»
«Wir Christen sind gefordert …»
«Wir wünschen keine Religion in unserem Land, die in ihren Ländern Christen verfolgt und tötet.»
«Ich hoffe nur, dass eine grosse Mehrheit des katholischen Luzernervolkes auf solch abwegige Machenschaften nicht reinfällt.»
«… dann trete ich aus der Kirche aus. Ich bezahle keine Steuern für Muslime.»
«Bald kommt man auf eine Berghütte und neben dran steht eine Bergmoschee.»
«Goodbye Schweiz, bald heisst du Libanon.»
«Wie so jemand ‹Bildungsdirektor› werden kann, ist mir schleierhaft.»
«Ein Gutmensch ohne Hintergrundwissen. Arme Schweiz.»
«War dieser Herr zur Gehirnwäsche in Somalia?»
«Wird ja echt Zeit, dass Christoph Blocher die Zügel wieder in die Hand nimmt …»

Ein persönliches Fazit

In dieser Auswahl von Meinungsäusserungen ist schon fast alles enthalten, was zwei Monate später den Ausschlag zum Aufsehen erregenden Veto des Schweizervolkes gegen den Bau von Minaretten geben sollte: das stark angeschlagene Image des Islams, bedenkliche Informationsdefizite, konkrete und latente Ängste in der Bevölkerung, die geradezu mit Händen zu greifen sind. Aufschlussreich ist zudem die nicht zu überschätzende Wirkung von Schlagzeilen und einseitigen Gewichtungen der Medien. Differenzierende Erläuterungen werden zumindest von einem Teil der Medienkonsumenten überhaupt nicht zur Kenntnis genommen. Über die neuen Kommunikationsmittel verbreiten sich auch schiefe Darstellungen viel rascher und weiter als man erwarten könnte. Zahlreiche Reaktionen auf die Vorgänge in Luzern kamen aus Deutschland. Noch wirksamer als Schlagzeilen sind allerdings Bilder, wenn es darum geht, Ängste zu schüren. Das Werbeplakat der Jungen SVP des Kantons Luzern für die Minarett-Initiative spielte mit der Angst um den Verlust von Identität, indem es das Luzerner Wahrzeichen verfremdete: Anstelle des in der Reuss versinkenden Wasserturms wird die Kapellbrücke von einem wehrhaften Minarett flankiert. Darunter die Aufforderung «Islamisierung stoppen!». Das ist das Geschäft mit der Angst in Wort und Bild, wie es wohl schon bald zum politischen Alltag gehört.

Die «Bewirtschaftung» politischer und religiöser Ängste in den Medien

André Marty

1. Entwicklungen in den Medien

1.1 Der Ist-Zustand

Noch nicht lange ist's her, als die Medien ideologische Orientierungshilfe boten. In Zeiten einer bipolaren geopolitischen Weltordnung standen sich «West» und «Ost» gegenüber. Ähnlich, wenngleich auf weniger martialische Art und Weise, verorteten sich Schweizer Tageszeitungen durch ihre Nähe zu einer politischen Partei, einer gesellschaftlichen Organisation, oder zumindest durch eine Gesinnungstreue – «liberal», «links» oder «rechts». Und auch die Journalisten orientierten sich weitgehend an diesem Werteschema – wenngleich die Neugierde, gar politisches Engagement den meisten Medienarbeitenden gemeinsam war.

Und heute?

Die Mediennutzung veränderte sich drastisch. Bisher waren Tageszeitungen als schnelllebiges Medium bezeichnet worden. Nun werden sie vom Internet als Informationsquelle massiv beschleunigt und in ihrer Existenz bedrängt. Das Netz mit seinen sozialen Netzwerken und News-Tickern ist dabei, die traditionellen Medien schrittweise als meistgenutzte Informationsquellen abzulösen. Das entsprechende Zauberwort heisst: Google-hits. Beim Begriff *war on terror* etwa erzielt Google 42,5 Millionen Hits (Fundstellen), beim Begriff *9/11* gar 127 Millionen Hits, bei *Islamic Terror* 31,1 Millionen Hits, für das Wort *Islam* 99,1 Millionen Hits.

Trotz seiner Schnelllebigkeit bietet das Netz ein riesiges Gedächtnis, auf alles ist jederzeit Zugriff möglich. Doch das Internet bietet weit weniger Orientierungshilfe als die Medien früherer Zeiten, denn um Informationen werten und einordnen zu können, bedarf es zunächst einer «Quellenkritik»: Wer ist für den Inhalt verantwortlich? Welchen Charakter haben die Sites, auf die in Links verwiesen wird? Tempo hat Inhalt zumindest in Teilen abgelöst.

1.2 Verdrängungskampf in der Medienbranche

Diese neue Mediennutzung führt zu einem Existenz bedrohenden Verdrängungskampf innerhalb der Verlagshäuser. Verlagsmanager und Chefredaktoren überbieten sich mit Strategien, wie das Netz gewinnbringend genutzt werden könnte – wahrlich nicht mit gehaltvollem Journalismus, gilt es bisher festzuhalten.

Das Zeitungssterben bekommen wir in der Schweiz auf verhältnismässig moderatem Niveau mit. Die Zeiten der Partei-Zeitungen sind definitiv vorbei, gestrichen die Ideologien, inklusive (vieler) engagierter Journalisten. Wer den *Tages-Anzeiger* heute liest, wird dies ab und an mit einer Träne des Bedauerns im Auge tun; der engagierte Journalismus ist weitgehend dem marktorientierten neuen Layout geopfert worden. Form kommt nicht nur, aber auch, bei Printmedien immer häufiger an erster Stelle. Und am donnerstäglichen «Achtung, Provokation»-Journalismus kann man sich irgendwann auch nicht mehr nachhaltig ergötzen.

Der *Discount-Journalismus* lässt sich teilweise noch umgehen, in dem Online als das genommen wird, was es heute noch ist: Primär ein Schnell-Schrieb von Schnell-Schreibern für Schnell-Leser, die es allesamt nicht ganz so genau wissen wollen.

Erstes Fazit: Die Mediennutzung und die Medienlandschaft verändern sich, und zwar schnell.

Zweites Fazit: *Die Medien* gibt es nicht mehr. Stattdessen gibt es einen Ausrichtungskampf innerhalb von Verlags-Unternehmen, es gibt ein neues Berufsbild des Journalisten.

Drittes Fazit: Vor allem gibt es mit den neuen Medien eine neue Unkontrollierbarkeit des Informationsflusses. Oder wenn Sie lieber wollen: Nachrichten haben an *Speed* gewonnen, gleichzeitig an Glaubwürdigkeit verloren.

2. Medien und Propaganda

2.1 Glaubwürdigkeit

Eine Zahl dazu soll genügen: 63% aller Amerikaner glauben, dass Medienberichte oft fehlerhaft seien – laut einer Meinungsumfrage des PEW-Instituts ist die Glaubwürdigkeit der Medien so tief gefallen wie seit zwei Jahrzehnten nicht mehr.[1] In der Schweiz geniesst übrigens das Fernsehen ein höheres Vertrauen

---

1 http://people-press.org/2008/08/17/key-news-audiences-now-blend-online-and-traditional-sources/.

der Stimmberechtigten als der Bundesrat, die Armee, das Parlament, Verwaltung und Parteien – Sie ahnen, wer der Auftraggeber dieser Marketingstudie aus dem Jahr 2008 war …

Für unseren Kontext, also die Bewirtschaftung politischer und religiöser Ängste, bedeutet diese veränderte Medienrealität mit einer starken Verlagerung ins Netz nicht nur Gutes.

Das Netz ist für jedermann (und -frau) zugänglich, als User oder als Plattform – und damit ausgesprochen anfällig für eines der wohl am stärksten unterschätzten Phänomene unserer Zeit: Propaganda!

2.2 Propaganda – Realität

Womit wir beim zweiten Teil unserer Auslegeordnung wären, der Polit-PR, der Public Diplomacy, oder trocken: Propaganda.

Ein paar Eindrücke aus meiner Arbeitswelt:
- Beim Pentagon stehen 27 000 PR-Leute auf der Payroll – das ist ungefähr soviel, wie die USA weltweit an Diplomaten beschäftigt (die Schweiz übrigens 320)
- Das US-Generalkommando der Nato-Truppen in Afghanistan hat seine Presseabteilung mit der Abteilung für «psy ops», also *Psychological Operations* zusammengelegt
- Israels Aussenministerium und das Ministerium für Einwanderung formieren im Verlaufe des israelischen Gaza-Krieges eine Abteilung mit dem Namen «Army of Bloggers». Freiwillige werden gesucht, die in verschiedensten Sprachen weltweit in Blogs die israelische Sicht der Dinge darzustellen haben.
- Delegitimation des Gegners: Der Vorsitzende der vom UN-Menschenrechtsrat eingesetzten Gaza-Berichtskommission, Goldstone, wurde im Netz und anderswo als antisemitisch, als Nazi, als Terror-Unterstützer abgeurteilt, noch bevor der Bericht überhaupt publiziert war. – Auf den Mann spielen, mit allen Mitteln, die die neuen Medien bieten: Twitter, Facebook, Blogs, Vlogs.

Es wird Sie nicht erstaunen, dass der diesbezügliche Fachterminus *Information warfare* heisst.[2]

Propaganda ist integraler Bestandteil unserer Realität, in der Regel so professionell und finanzkräftig geführt, dass wir Medienschaffen und Sie

2 www.military.ch/abegglen/papers/iw.pdf.

Konsumentinnen das kaum realisieren. Ängste, Vorurteile entstehen und werden gefüttert, ohne das wir das aktiv wahrnehmen.

Ein Beispiel mag zeigen, wie unkontrollierbar die *Information Warfare* geworden ist: Anfang August führt die Hamas-Bewegung eine so genannte Massenhochzeit in Gaza durch: 450 Paare heiraten, aus Sicht der «radikal islamischen» Hamas ein Zeichen des ungebrochenen Widerstands gegen die de facto Besatzung des Gaza-Streifens. Während der Hochzeitsfeier tanzen auf der Bühne 3- bis 8-jährige Mädchen, Cousinen, Schwestern, Bekannte aus den heiratenden Familien. Im Netz sehen sie kurze Zeit später auf hunderten Seiten ein Video dieser Mädchen unter dem Titel: «Hamas-Massen-Pädophilie» oder «Die 450 Kinderbräute der Hamas».[3] Bewusst wird die Präsenz der Mädchen aus dem Kontext gerissen, werden aus Hochzeitsgästen Bräute gemacht.

Niemand kann ernsthaft behaupten, Kinderheiraten würden in der arabisch-muslimischen Welt nicht stattfinden. Aber was ist das hier anderes als eine mutwillige Delegitimation der Hamas-Bewegung?

Eine solche Propaganda, derartige halbe Wahrheiten, die nur im Sinne der Unwahrheit interpretiert werden können, schüren Ängste. Wahrheit ist also ein in hohem Mass relativer Begriff.

2.3 Die Medien-Wahrheit

Wie also wird «die Wahrheit» beeinflusst, welche medieneigenen Mechanismen spielen, um Ängste zu bedienen?

Viele kleine und grosse Medien-Produkte werden über ihre Eigentümer inhaltlich kontrolliert; wer z.B. Robert Murdochs *Fox News* anklickt oder sieht, der weiss, woran er ist. Nicht ganz so offensichtlich läuft's andernorts, etwa wenn die «Wächter der Demokratie» wie *NYT*, *Washington Post* der Weiterverbreitung der Lüge der irakischen Massenvernichtungswaffen weitgehend freie Zeitungsspalten bieten – und wir uns in einer der heikelsten zeitgenössischen Krisen wiederfinden.

Also können wir die mediale Anfälligkeit für Propaganda-Versuche und das Versagen, ja, sogar das Fehlen eines unabhängigen Filters im Sinne einer Zensur für die Wahrheit (oder zumindest grösstmögliche Objektivität) von Nachrichten und Berichten so zusammenfassen:

(1) Wir haben das «Je-ka-mi-Phänomen»[4] Internet erwähnt, ohne wirkliche Kontrollmechanismen. Damit einher geht das ebenfalls angesprochene

---

3   http://www.pi-news.net/2009/08/massenpaedophilenhochzeit-in-gaza/.
4   Herleitung aus: **J**eder **k**ann **mi**tmachen.

neue Selbstverständnis von Online-Medienschaffenden; die Publizistik-Wissenschaft spricht sinnigerweise von einem Konflikt zwischen jungen und alten Journalisten ...

(2) Wenn Sie einen Blick auf die Nahost-Berichterstattung werfen, stellen sie einen Abbau der Berichterstattung fest. Grosse amerikanische Zeitungen und TV-Stationen haben ihre Büros ganz geschlossen, Titel wie der *Tages-Anzeiger* haben keine eigenen Nahost-Korrespondenten mehr.[5] Eine kontinuierliche Berichterstattung, Sachkompetenz vor Ort, wird zurückgefahren – die Anfälligkeit für Beeinflussungsversuche wächst damit auf die Allrounder in den Redaktionen.

(3) Nur sehr wenige Verleger sind wirklich glücklich mit der «Watch Dog»-Funktion ihrer Medienprodukte. Verleger sind in der Regel von konservativer Provenienz, nicht selten Mitglieder des Establishments. Und abgesehen von den öffentlichrechtlichen Anstalten sind Verlage primär dazu da, um Geld zu verdienen. Das hat, auch wenn wir Journalisten das so nicht gerne einräumen, natürlich Konsequenzen für die Medienschaffenden und die Ausrichtung der Medienprodukte.

(4) Die Tendenz scheint immer mehr weg vom unabhängigen Journalismus hin zum News-Marketing zu gehen. So alarmiert eine Meldung aus der Universität Leipzig, der renommierten Journalisten-Hochschule: Einer der beiden Journalistik-Lehrstühle soll abgeschafft sowie die Anzahl von Wissenschaftlichen Mitarbeiterstellen von sechs auf einen gekürzt werden; stattdessen soll der Lehrstuhl für Public Relations einen weiteren Lehrstuhl erhalten.[6] Was ist das anderes als die Aussage, Unabhängigkeit ist in Zukunft weniger wichtig als die «richtige» Kommunikation?

Ein weiterer zentraler Erklärungs-Ansatz für den «Erfolg» der Propaganda-Maschinerie dürfte der politische Kontext sein. Ängste können, wie wir gesehen haben, durch neue Medienrealitäten und Propaganda-Versuche wesentlich bewirtschaftet werden. Allerdings nur in einem bestimmten politischen Umfeld.

---

5 Die Folgen davon ist eine Abhängigkeit von Nachrichtenagenturen, vgl. 3.4.
6 Vgl. http://www.l-iz.de/Bildung/Medien/2011/01/Leipziger-Journalistik-Ausbildung-vor-der-Amputation.html (28.1.2011).

3. Medien im Umgang mit aktuellen Konflikten

3.1 9/11

Womit wir beim dritten und wohl interessantesten Aspekt angekommen sind: 9/11, respektive eben dem *Global War on Terror*.

9/11 veränderte die Welt. Ihre, meine Welt. Wir, die wir von 9/11 allenfalls beim Security-Check am Flughafen direkt etwas mitbekommen oder indirekt bei der Abstimmung über einen biometrischen Pass. Sicher aber hat sich die Welt für die muslimische Bevölkerung und die Menschen aus islamischen Ländern verändert! Und ganz sicher hat sich die Welt für Militär und Politik verändert.

Was ist geschehen? Wie ist es möglich, dass die Politik, das Militär uns einen neuen Feind, ein neues Feindbild präsentieren und den Alptraum «islamistischer Terror» aufbauen konnten? Was zucken wir zusammen beim Terminus Al Kaida!

Die Angst – im 9/11-Zeitraffer:

Medienschaffende haben durch die Darstellung der Terroranschläge von 2001 einen entscheidenden Teil zur veränderten Wahrnehmung der Welt beigetragen.[7] Offenbar spielte rund um die Irak-Invasion ein medialer Patriotismus-Reflex, der die üblichen Qualitätsstandards aufzuheben vermochte. Zwar bemühten wir uns nach 9/11 darum, Muslime nicht generell zu verurteilen. Politik und Religionsvertreter taten sich hervor mit interkulturellem Dialog, der Kampf der Kulturen sollte bestmöglich abgedämpft werden – was man wohl als **Symbolpolitik** bezeichnen darf.

3.2 Terminologie und Ideologie

Gleichzeitig aber übernahmen wir Medien die Terminologie und Ideologie der «Kampf-gegen-den-Terrorismus»-Doktrin, ohne die nötige Distanz zu wahren.

Wie viele so genannte Terrorismus-Experten haben Sie in den letzten Jahren gehört oder gelesen, wie viele apokalyptische Szenarien wurden prognostiziert? Ehemalige hochrangige Militärs wurden als Spezialisten von TV-Sendern angeheuert. Heute ist klar: Das Pentagon hat diese Strategie nicht nur entworfen, sondern die Leute aus einer Vielzahl von Militär-Industrie-Beratern ausgewählt, koordiniert und mit Stichworten gefüttert.

---

7 Gerhard PAUL, *Der Bilderkrieg*. Inszenierungen, Bilder und Perspektiven der «Operation Irakische Freiheit», Göttingen 2005.

Wie viele Male wurden wir vor der «imminenten Gefahr von islamistischen Terroranschlägen» (*Code red, yellow, blue*) gewarnt? Nicht selten wurden diese alarmierenden «Experten-Meinungen» untermalt durch Bilder der in die Tower rasenden Flugzeuge. Nach der Symbolpolitik kamen also die **Symbolbilder.** Eine massive Public Relations-Maschinerie steuerte die Medien mit Junk-Infos; Geheimdienste, Politiker, Militärs speisten halbe oder Un-Wahrheiten ein. Angst als politisches Tool wird bewusst und gezielt eingesetzt, um dem Kampf gegen den Terrorismus eine moralische Legitimation zu verleihen. Nüchtern betrachtet muss festgehalten werden: «*The politics of fear*» hat funktioniert.[8]

Zum Beispiel als Begründungen für die Invasion des Irak, also den 2. Golfkrieg: Saddam Hussein ist direkt mit Al Kaida verbandelt – seit langem steht fest: Nonsens. Saddam Hussein besitzt Massenvernichtungs-Waffen – seit langem seht fest: Nein. Terroristen bedrohen uns mit der so genannten *dirty Bomb* – seit sehr langem steht fest: wissenschaftlich nicht sehr wahrscheinlich; die Verbreitung von Radioaktivität durch eine konventionelle Explosion existiert faktisch nicht.[9]

3.3   Das mediale Versagen

Das alles hätten wir wissen können, hätten wir's wissen wollen. Nur sehr wenige wollten aber aus dem Chor ausscheren – *Rudeljournalismus*, wie dies in anderem Zusammenhang bereits genannt wurde. Wir haben die von der Politik diktierte Gleichung übernommen: Sicher oder frei! Und so beeinflusst, haben wir beeindruckende Eingriffe in Persönlichkeitsrechte und Staatssouveränität hingenommen. Wir haben vergessen, Kontext herzustellen, Strukturen aufzuzeigen und Gründe zu nennen. Stattdessen sind wir ins Fahrwasser des Dualismus «Gut gegen Böse» geraten. Die Berichterstattung über und nach 9/11 war ein Tiefpunkt der Medienarbeit, der uns leider zu Recht sehr viel an Glaubwürdigkeit und Unabhängigkeit gekostet hat. Und diese beiden sind das eigentliche Kapital, worüber Medienschaffende verfügen.[10]

Dieses Mal können nur sehr, sehr wenige Medienmacher für sich die Unschuldsvermutung in Anspruch nehmen. Von der *NYT* über die *Washington Post*, den Wächtern der US-Demokratie, bis hin zu weit kleineren, weit weniger qualifizierten Redaktionen, fern ab vom 9/11-Show-Down, liessen wir uns ein-

---

8   Dan Gardner, *Risk. The Science and Politics of Fear*, Toronto 2008.
9   Zur *dirty bomb* und ihrer Gefahr vgl. www.labor-spiez.ch/de/dok/hi/pdf/dedokhidb_0503.pdf (28.1.2011).
10 Vgl. Paul (Anm. 7).

lullen von der allumfassenden und jederzeit drohenden «Gefahr des weltweiten Terrors».

3.4   Clash of fundamentalists

Möglich wurde dies auch, weil viele Medien sich weitgehend ungeprüft in einen Kampf zwischen Neokonservativen und islamistischen Fundamentalisten haben einspannen lassen. Neokonservative, die vom «Kampf der Kulturen» sprachen, zunächst mit Blick auf die Sowjetunion, später auf den «Terrorismus».[11] Islamistische Fundamentalisten, die sich, ausgerüstet mit Bomben und einer wirren «Handgelenk-mal-Pi-Interpretation» der Geschichte, ein abstruses Weltbild zurechtbomben wollen. Also wohl eher ein *«Clash of fundamentalists»* denn ein *«Clash of Civilizations»*?

Möglich wurde dies auch, weil viele Medien der Hintergrund-Berichterstattung wenig Platz einräumen. Wenn über die muslimische Welt berichtet wird, steht dies meist in einem Krisen-Kontext. Anschläge, Afghanistan/Pakistan-, Irak-, Gaza-, Libanon-Berichterstattung, also Kriegs-Journalismus. Der Islam findet mehrheitlich in der Auslandsberichterstattung statt, und zwar in einem Negativkontext. Und: Laut einer Studie des Instituts für Publizistikwissenschaft der Universität Zürich[12] basiert nur jeder fünfte Artikel in der Schweizer Presse über den Islam auf Eigenrecherche – das heisst, die (amerikanisch-britischen) Nachrichtenagenturen APTN und Reuters/Thompson prägen das durch Schweizer Medien vermittelte Islam-Bild zu einem wesentlichen Teil.[13]

Das Thema «Ausländer» wird häufig mit Bildern kopftuchtragender Frauen illustriert, man könnte also sagen, dass hier das Konzept «Islam ist fremd» unterstrichen wird. Als ob die Frage nach der Freiheit sich anhand der Kleiderfrage beantworten liesse: verschleiert = unfrei. Wirklich? Das Resultat ist eine diffuse Angst vor der muslimischen Welt. «Islam, Islamismus, Terrorismus» ist zu einem stehenden Begriffs-Trio geworden.

Damit wir uns nicht falsch verstehen: Die simplizistische Einteilung der Welt in Gut und Böse ist keine westliche Spezialität. Das funktioniert auch in

11 Vgl. Samuel P. HUNTINGTON, *Der Kampf der Kulturen: The Clash of Civilizations. Die Neugestaltung der Weltpolitik im 21. Jahrhundert*, Wien 1996.

12 Heinz BONFADELLI, *Darstellung ethnischer Minderheiten in den Medien*, in: Heinz BONFADELLI/Heinz MOSER (Hg.), *Medien und Migration. Europa als multikultureller Raum?*, Wiesbaden 2007. Heinz BONFADELLI u. a., *Migration, Medien und Integration. Der Integrationsbeitrag des öffentlich-rechtlichen, kommerziellen und komplementären Rundfunks in der Schweiz. Forschungsbericht zuhanden des Bundesamtes für Kommunikation BAKOM.* Zürich 2008.

13 Vgl. 2.3.

arabischen Medien, das funktioniert weltweit, und nicht nur in totalitären Staaten – und natürlich auch in der Politik der arabischen und islamisch geprägten Länder. Wer die arabische Blogosphäre besucht, der stösst auf schier Unglaubliches: absurdeste Verschwörungs-Pamphlete, Bilder, die an Grässlichkeit kaum überboten werden können. Und die traditionellen arabischen Medien verbreiten zum Teil wirrsten Anti–Journalismus, Anti–Amerikanismus, Anti–Semitismus. Plumper Populismus, der nicht selten von den eigenen korrupten, autoritären Regimen ablenkt, von den Verstrickungen in terroristische Aktivitäten ganz zu schweigen – abgeschottete Medienwelten also, die seit 9/11 kaum den Austausch in einer globalen Welt förderten.[14]

3.5 Al Kaida

Deshalb sind wir bis heute nur beschränkt bereit, das längst bekannte Faktum zu akzeptieren, dass es weder Al Kaida noch eine straff organisierte Terror-Gruppe Al Kaida gibt oder gab. Was es hingegen gab und gibt, ist ein Netzwerk lose verbundener extremistischer Gruppierungen. Und es gibt eine sehr mächtige und gefährliche Idee, die zu 9/11 und danach folgenden Anschlägen in Madrid und London führte.

Aber die Bedrohung, die von dieser islamistischen Gefahr ausgeht, ist in den Kontext zu stellen: Arabische und moslemische Gesellschaften sind tendenziell arm, bieten also kein alternatives Gesellschaftsmodell zur liberal-demokratischen Welt an. Das ist ein grundlegender Unterschied zum Faschismus, der sich in starken und entwickelten Gesellschaften ausgebreitet hatte und deshalb durchaus eine potentielle theoretische Anziehungskraft genoss. Einzig der allfällige Besitz von Massenvernichtungswaffen würde den militanten Islam zu einer ernsthaften Bedrohung machen.

Ist somit der Fundamentalismus gescheitert, wie der französische Islam-Wissenschafter Gilles Kepel behauptet?[15] Es ist zu befürchten, dass diese Aussage die Antwort auf eine falsche Frage ist. Es trifft durchaus zu, dass in den drei Arenen Irak, Afghanistan/Pakistan und Israel/Palästina die Radikalen – wir sprechen ja sinnigerweise vom politischen Islam, so als ob wir uns den Luxus einer apolitischen Interpretation der Religion hingeben könnten – den Durchbruch nicht geschafft haben. Bisher, wäre ich versucht zu sagen mit Blick nach Afghanistan/Pakistan.

14   Stuart J. KAUFMAN, *Modern Hatreds.* The Symbolic Politics of Ethnic War, London 2001.
15   Gilles KEPEL, *The War for Muslim Minds.* Islam and the West, Cambridge (MA) 2004.

3.6 Kampf um die ideologische Ausrichtung

Welche Ziele verfolgten Politik und Militär demnach mit dieser Strategie der Verunsicherung? Weshalb befand sich der Westen unter dem Label *War on Terror* plötzlich in einer angeblichen modernen Form des Kulturkampfes wieder?[16]

Es ist die Kraft einer Idee – oder einer Ideologie, der neokonservativen Ideologie –, die treibend ist. Ein Weltbild der Auserwählten, Besseren, Rechthabenden, mit schier nicht zu bremsendem Missionseifer verbreitet. Nicht in erster Linie die Attacken von 9/11 mit ihrer tragischen Bilanz an sich, sondern die Reaktion darauf, insbesondere der USA, sind von grosser Tragweite. Basierend auf dem *politischen* Willen, den Terror – oder eben das Andere, das Fremde – weltweit zu bekämpfen, wird das internationale und nationale Recht seit dem 11. September 2001 neu interpretiert. Der *War on Terror*, wie ihn US-Präsident Bush erstmals kurz nach den Anschlägen von 9/11 propagiert, stellt bestehende Rechtsgrundsätze auf eine harte Probe. Das internationale humanitäre Völkerrecht, also das «Kriegsrecht» unterscheidet zwischen Kämpfern und Zivilisten, für die je unterschiedliche Rechte und Pflichten bestehen. Im «gerechten Krieg» tauchen plötzlich nicht vorgesehene Kategorien wie feindliche oder widerrechtliche Kämpfer auf, die zu legitimen Zielen werden. Verteidigungsrechte «mutmasslicher» Terroristen werden eingeschränkt; Spezial-Gerichte und -Gefängnisse errichtet; Stichworte: Guantanamo Bay, Abu Ghraib (Bagdad).[17]

3.7 Schweiz und Israel

Auch die Schweiz steht im «Kampf gegen den Terror»:
– Die damalige Justizministerin Ruth Metzler schloss mit den USA rasch das Operative Working Arrangement (OWA) ab. Darin regelten die beiden Länder ihre geheime Kooperation im Kampf gegen die Terroristen und deren Finanzierungsquellen.
– Das so genannte Bundesgesetz über Massnahmen zur Wahrung der Inneren Sicherheit BWIS II sieht Änderungen im Strafgesetzbuch, Fernmeldegesetz, Bundesgesetz über Armee und Militärverwaltung; Lockerungen im Bereich der Grundrechte und der Wahrung der Privatsphäre, alles zur Wahrung der Inneren Sicherheit der Schweiz.

---

16 Heribert Prantl, *Der Terrorist als Gesetzgeber. Wie man mit Angst Politik macht*, München 2008.
17 http://www.icrc.org/eng/resources/documents/misc/5yrmyc.htm.

– Mitte August 2009, also rund acht Jahre nach 9/11, meldet Radio DRS, die USA möchten Zugriff auf die Fingerabdruck und DNA-Datenbanken der Schweizer Polizeien (rund 800 000 Datensätze).

Immer wieder findet in der Kriegsrhetorik eine eigentliche Entmenschlichung des Gegners statt, wir erleben das auf allen modernen Schlachtfeldern unter westlicher Beteiligung. Entmenschlichung verunmöglicht die konkrete Furcht vor etwas oder jemandem, sie führt vielmehr zu einer diffusen Angst. Angst vor Terror schlechthin. Und wer einmal das Wort Terror verinnerlicht hat, für den wird der Dialog, oder zumindest das Verstehen einer Handlung, zweitrangig. Ebenso wie die Frage, ob allenfalls die eigene Politik ebendiese Handlung mit verursacht hat. Mit Terroristen darf man nicht reden. Punkt.[18]

3.8   Der Gaza-Krieg

Der Gaza-Krieg von Dezember 2008 bis Januar 2009: Israelischen Soldaten wurde eine Schrift überreicht, die auf den Gedanken eines der Ideologen der Siedler-Bewegung basiert.[19] So lasen die Soldaten, bevor sie in den Kampf zogen, dass das Land Israels lediglich dem israelischen (also dem jüdischen) Volk gehöre, heilig sei und nicht kontaminiert werden dürfe. Zudem versuchte das Druckwerk den Kampfeswillen der Soldaten zu stärken, in dem der «Feind» wie folgt beschrieben wird: «*When you show mercy to a cruel enemy, you are being cruel to pure and honest soldiers. This is terribly immoral. These are not games at the amusement park where sportmanship teaches one to make concessions. This is a war on murderers.*»[20]

Während Angst eine negative Ideologie stützt, die keine konkreten Ziele verfolgt, sondern nur Szenarien kennt, die es unbedingt zu vermeiden gilt, wurde im vorliegenden Beispiel nicht mit Angst gearbeitet, sondern mit einer positiven Ideologie. Der jüdischen Bevölkerung hingegen wurde suggeriert, dass es sich im Konflikt mit der Hamas nicht mehr primär mit einem Konflikt um Land für Sicherheit, sondern mit den Anfängen eines Religions-Konflikts handelt. Was wir bei der Hamas-Bewegung seit längerem sehen, nämlich den Gebrauch von religiösen Interpretationen zu politischen Zwecken, sehen wir nun auch in Israel.

---

18 Edward P. DJEREJIAN, *Danger and Opportunity*. An American Ambassador's Journey through the Middle East, New York 2008.

19 ʻIdit Zerṭal/ʻAḳiva Eldar, *Die Herren des Landes*. Israel und die Siedlerbewegung seit 1967, München 2007.

20 http://www.youtube.com/watch?v=57wf7d8rkTk&feature=related.

Die Angst der israelischen Bevölkerung vor der Hamas-Bewegung, mitge-
schaffen und -geschürt durch Politik und Medien, sanktionierte letztendlich
einen sinnlosen Gaza-Krieg.[21]

Und noch bedenklicher: Die Hysterie hebelt die Gewaltentrennung zumindest teilweise, sicher aber die Dialogkultur komplett aus – ein Land im selbst-
erklärten Dauer-Kriegszustand kann sich keine Debatten erlauben.

Aus Angst vor Veränderungen, und damit dem Infragestellen der eigenen
Machtstruktur, haben verschiedene Potentaten im Nahen Osten jahrzehntelang
per Ausnahmerecht regiert – und bezahlen dafür einen hohen politischen Preis:
Der «arabische Frühling» hat die Region so sehr in Bewegung gebracht wie
wohl kein politisches Ereignis seit dem 1. Weltkrieg. Der Ausgang der Revolten
ist völlig offen – doch im Nahen Osten hat sich die Politik der Angst langfristig
als politischer Bumerang erwiesen.

3.9 Fazit

Erstes Fazit: Im «Kampf gegen den Terror» werden Kollateralschäden in Kauf
genommen – der Gegner hält sich ja auch nicht an die Regeln. Ein «gerechter
Krieg» führt zu Entmenschlichung der Opfer.

Zweites Fazit: Der Kampf von «Gut gegen Böse» droht demokratische Spiel-
regeln aufzuweichen.

Drittes Fazit: Die von vielen Politikern deklarierte *«with us, or against us»*-
Doktrin ist längst in westlichen Medienanstalten angekommen.

4. «Achse des Bösen» – Feindbild Iran

4.1 Das Konzept des *Global War on Terror*

Ein weiteres Bild in unserem Kopf: der Iran. Wer israelische Medien konsu-
miert, der liest und hört seit Jahren ein stehendes Begriffspaar: «Ahmadinejad – der neue Hitler». Israels Bevölkerung wird seit Jahren vor der «exis-
tenzbedrohenden Gefahr» gewarnt, die der Iran und die durch den Iran
finanzierten «Terror-Organisationen» darstellten; sie sieht in Israel regelmässig
«Tagesschauen», in denen in ernüchternd real-bildlichen Szenarien ein Atom-
schlag auf Tel Aviv dargestellt wird, 150 000 bis 200 000 Tote hochgerechnet
werden; sie liest in der liberalen «Haaretz»: *«the Jewish people are once again in
danger of being destroyed.»*

---

21 Bettina MARX, *Gaza*. Berichte aus einem Land ohne Hoffnung, 2009.

Sie hören's schon wieder mitschwingen, das Konzept des *Global War on Terror*. Worum geht es? Geht es tatsächlich um eine strategische, also eine existenzielle Bedrohung Israels? Wie steht es um die Beweggründe Israels gegen eine neue Supermacht Iran im Nahen Osten aufzustehen?

Nüchtern betrachtet, wird niemand die harsche Rhetorik des iranischen Präsidenten und seiner Entourage verniedlichen wollen. Ahmadinejad ist ein Antisemit, ein wiederholter Holocaust-Leugner! Ahmadinejad dürfte in die Kategorie der «Provokateure der Macht» gehören: Denn unbestritten ist, nebst Ahmadinejads pathologischem Antisemitismus, das Streben der einstigen Grossmacht Persien nach altem Glanz und Einfluss in der Region, einem politischen und kulturellen Gewicht, das sich im 21. Jahrhundert offenbar durch ein Atomprogramm erreichen lässt. Aber ist dies gleichbedeutend mit der Absicht, die Welt in den Abgrund zu bomben?

4.2   Die Provokation der Macht

Ich sprach von der «*Provokation der Macht*» durch Ahmadinejad. Was meine ich damit, respektive weshalb steigen Israel und der Westen auf die eigentlich recht plumpen Provokationen Ahmadinejads ein? Wohl aus zwei Gründen:

– Einerseits, und das ist nachvollziehbar und begründet die Assoziation «Ahmadinejad – der neue Hitler», ist es die politische Unberechenbarkeit der iranischen Machtstrukturen. Es wäre nicht zum ersten Mal (und die jüngsten Eindrücke von Nordkorea scheinen diese Annahme zu bestätigen), dass ein Land versucht, aussenpolitisch die Muskeln spielen zu lassen, um von innenpolitischen Schwierigkeiten abzulenken.

– Andererseits stellt der Iran seit dem Sturz des Schah Mohammad Reza Pahlavi Ende der 70er Jahre das Feindbild Israels schlechthin dar. Und zwar als Gegenkonzept gegen den ursprünglichen israelischen Traum: Auf der einen Seite die Perser, religiös, einen rückwärtsgewandten Islam, eine orientalische Diktatur repräsentierend, und auf der anderen Seite eine moderne, jüdische, aber säkulare, westlich orientierte Demokratie.

Nun ist aber der ursprüngliche zionistische Traum keine unveränderbare Grösse: Die Einwanderung von Menschen verschiedenster Hintergründe, insbesondere aus nordafrikanisch-arabischen und osteuropäischen Ländern, aber auch von religiös motivierten Zionisten, führte zu einer Modernisierungs- und Identitätskrise der israelischen Gesellschaft. Religion und Staat konnten nicht mehr strikt getrennt werden.

Und damit stand das iranische Feindbild des rückwärtsgewandten, orientalischen Staates zur Disposition. Israel war plötzlich nicht mehr so «anders» als die arabischen Nachbarn. Umso heftiger wurde auf das rückwärtsgewandte, das existenzbedrohende Regime in Teheran, auf das Andere verwiesen. Aus- und Abgrenzen, um das Selbstbild des modernen, säkularen westlich orientierten Staates hochzuhalten.

Der israelische Politologe Haggai Ram spricht in diesem Zusammenhang von einer «Moral Panic»: Panik davor, in den Nahen Osten integriert zu werden, und eben nicht Teil des fortschrittlichen Westens, womöglich gar Teil Europas zu sein.[22] Hierbei handelt es sich um zwei sehr konkrete Ängste: Zum einen um die (nicht sehr wahrscheinliche) Angst, die staatliche Integrität Israels zu verlieren. Zum anderen ist es Erbe des vergangenen Jahrhunderts, Angst zu haben vor einem Verlust oder zumindest der Überlagerung der jüdischen Kultur, wie sie derzeit in Israel ermöglicht werden kann. In diesem Zusammenhang wird eine Unterscheidung deutlich, die man sich kaum bewusst macht: Arabisierung und Islamisierung sind eigentlich nicht dasselbe; aber gerade die religiöse Interpretation des Gaza-Konflikts zeigt, dass sich die Angst vor der Arabisierung mit der Angst vor einer Islamisierung verbindet und so ein umfassendes und alle Bevölkerungsschichten durchziehendes Feindbild entsteht.

4.3   Jungle law

Daneben gibt es handfeste Interessen: Die Symbiose zwischen Militär, Politik und Forschung mag Teil der Erklärung sein, weshalb das jährliche israelische Verteidigungsbudget von 16,2 Milliarden US-Dollar in Israel praktisch kein Thema ist. Auch nicht die Tatsache, dass kein anderes Land der Erde pro Kopf der Bevölkerung soviel Geld ins Militär investiert – auch die USA nicht, die doch immerhin insgesamt über ein Militärbudget verfügen, dass grösser ist als die Militärbudgets aller übrigen Länder der Erde zusammengenommen.

Und der Westen? Wir sehen Israels Kampf gegen das iranische Atomprogramm als eine «westliche Vorhut» gegen den radikalen Islam – und wieder hören sie den *Global War on Terror* mitschwingen, einen globalen Krieg zwischen der jüdisch – christlichen Zivilisation und den islamischen Horden. Das Konzept «Politik der Angst» zeigt sich denn auch in den Worten des israeli-

---

22   Haggai Rᴀᴍ, *Iranophobia. The Logic of an Israeli Obsession*, Standford (CA) 2009.

schen Premier Ehud Barak, der von Israel als *a villa in the middle of the jungle, a vanguard of culture against barbarism* spricht.[23]

Zusammenfassung

US-Präsident George W. Bush fragte: «*Why do they hate us?*» Was kann schon gegen westliche Werte wie Frieden, Freiheit und Demokratie eingewendet werden? Als ob wir mit der Antwort auf die Frage «Warum hassen die uns?» nicht vertraut wären. Weshalb fragen wir nicht, wie *wir*, der Westen, in der muslimischen Welt wahrgenommen werden?

Obama oder Osama – sozusagen. Das «Pew Project» befragt jährlich im so genannten «PEW Global Attitudes Project» rund 26 000 Personen in 25 Ländern, unter anderem auch zur Vertrauenswürdigkeit verschiedener Personen:[24] Wurde 2008 Osama bin Laden von einer Mehrheit der Befragten im Nahen Osten noch als gleich vertrauenswürdig wie oder vertrauenswürdiger als US-Präsident Bush jr. angesehen, wird Barack Obama im Juni 2009 bereits vor bin Laden gesetzt. Die neue US-Regierung spricht nicht mehr vom «Krieg gegen den Terror», sondern einem Kampf gegen Extremisten. Einzig in den palästinensischen Gebieten und Pakistan, in jenen Gebieten also, in denen die USA unmittelbar engagiert sind, tendieren die Sympathien nach wie vor nicht zu Gunsten des US-Präsidenten.

Also Osama statt Obama ...

Auch wenn der fanatische Hass längst nicht gewonnen hat: Das Gedankengut an sich und dessen schnelle Verbreitung sollen uns durchaus beunruhigen – und nicht ausschliesslich die Frage, ob denn nun die Todeszahlen in Irak, Afghanistan/Pakistan, Gaza ab- oder zugenommen haben. Der schier totale Wahrheitsanspruch und dessen Ursachen sollen uns beschäftigen!

Haben wir im Westen mitgekriegt, dass Fundamentalismus keineswegs etwas Rückwärtsgewandtes, sondern eine Antwort auf ein Empfinden der Entwurzelung und Entfremdung ist – also etwas überaus Modernes? Ein Überkompensieren dort, wo die traditionelle Religion keine zufriedenstellenden Antworten mehr parat hat. Fundamentalismus als «Antwort», wo Isolation und fehlende Integration vermittelt werden.

---

23 http://www.nybooks.com/articles/archives/2002/jun/13/camp-david-and-after-an-exchange-1-an-interview-wi/.

24 http://pewglobal.org/.

Gehen wir die Ästhetik der Gewalt an: Der Wert des Lebens sollte vermehrt thematisiert werden. Todesbulletins gehören in einen Kontext gestellt, der Trend, das wahre Leben als ein Computerspiel anzusehen, muss gestoppt werden. Medienschaffenden fällt hier die Verantwortung zu, die vom Militär zur Verfügung gestellten, an Computerspiele erinnernden Kriegsbilder aus dem Cockpit eines Kampfflugzeuges als das zu bezeichnen, was sie sind: Bilder des Todes. Diese Entmenschlichung des Sterbens muss angesprochen und ausgesprochen werden gegen jene, die das Leben geringschätzen.

Angst und Hysterie sind Instrumente, genutzt in Politik und Religion, teils geschürt durch Medien, die sich in einem tiefgreifenden Orientierungsprozess befinden. Medienleute tun gut daran, an ihre Aufgabe erinnert zu werden: Wir sind Begleiter demokratischer Prozesse, aber sicher nicht Handlanger oder Mikrophonständer der Politik.

Dasselbe gilt übrigens auch für Sie, meine Damen und Herren Medien-Konsumenten: Sie schauen dem Clash zwischen grössenwahnsinnigen, der demokratischen Kontrolle schrittweise entweichenden pseudo-religiösen Fanatikern und dem grandiosen Show-Spiel der Mächtigen weitgehend schweigend zu. Zu schweigend.

Der Terrorismus und die Symbolik des Bösen

Jean-Claude Wolf

Der Krieg gegen den Terrorismus und das zweite Böse

Die Aufmerksamkeit unserer Medien und öffentlichen Diskussionen ist auf den politischen Islamismus gerichtet. Das Feindbild des Islamismus und der Krieg gegen moralisch und religiös motivierten Terrorismus werden zum Vorwand, unter dem Banner einer manichäischen Einteilung in gute und böse Mächte einen Krieg zu führen. Manche Verteidiger «westlicher Werte» sind in Bezug auf den inhärenten Fanatismus der US-Aussenpolitik und der Kriegsführung der Imperien blind. Es hat aber auch nicht an kritischen Kommentatoren gefehlt.[1] Im Schatten dieses Krieges werden sogar in Europa diskriminierende und völkerrechtswidrige Entscheidungen getroffen: In der Schweiz wird nach der Volksabstimmung vom 29.11.2009 ein Minarettverbot in Kraft treten, Frankreich plant im folgenden Jahr ein Burkaverbot. Staatliche Souveränität wird insbesondere von rechtspopulistischen Kreisen als Despotie der Mehrheit verstanden, die ihr Territorium «sauber» halten kann, wie es ihr beliebt. Oder sie wird von Anhängern des säkularen Staates als Präsumtion gegen die öffentliche Sichtbarkeit religiöser Symbole verteidigt.

Grossmächte und andere Staaten, die sich in einem Krieg gegen Drogen, gegen das Böse und gegen den Terrorismus engagieren, haben sich bereits in das zweite Böse verstrickt. Es ist von der Absicht inspiriert, das Böse auszurotten und die Geschichte neu und «*clean*» zu machen. Das zweite Böse gehört zu den hässlichen Nebenfolgen einer totalen Mobilmachung gegen das Böse, vergleichbar mit den Spuren der Zerstörung nach einer Reinigungsaktion mit ätzenden Chemikalien.

Humane Kriege – wenn es sie überhaupt gäbe – wären Kriege mit dem begrenzten Ziel, einen gestörten Status quo wiederherzustellen, verletzte

---

1 Vgl. Olivier Roy, *Der falsche Krieg*. Islamisten, Terroristen und die Irrtümer des Westens, München 2010 (Originalausgabe: *Le croissant et le chao*s, Paris 2007).

Grenzen souveräner Staaten zu sichern oder durch eine vorübergehende humanitäre Intervention ein Land vor dem Schlimmsten zu bewahren, ohne es militärisch zu besetzen. Entschlüsse zu solchen Kriegen dürften nur von der überwältigenden Mehrheit der Völkergemeinschaft gefällt werden. Eine ideale Völkergemeinschaft würde eine relative Gleichheit der Macht der verschiedenen Völker und die Nicht-Existenz von Supermächten voraussetzen. Einseitige kriegerische Aktionen sind scharf zu verurteilen, auch wenn sie sich auf «gute Gründe» berufen.

Eine reale Völkergemeinschaft wird jedoch immer gestört durch einzelne «Bösewichte» und die Vetomacht und Eigenmächtigkeiten von Supermächten oder Koalitionen (wie ein vereinigtes Europa), die das Etikett von «Schurkenstaaten» zur Stigmatisierung ihrer Feinde benutzen. Die Supermächte, die grossen Koalitionen und ihre Feinde stören die Idylle eines Völkerbundes. Die Übermächtigen benehmen sich wie Sieger der Geschichte, die über dem Völkerrecht stehen; die Verlierer träumen von nichts anderem als davon, eines Tages selbst die Sieger der Geschichte zu sein.

Bei der Rede von «Feinden», «potenziellen Gefahren», «Achse des Bösen» und «Schurkenstaaten» ist die Grenzlinie zwischen der Realität und der Symbolik des Bösen fliessend. Feindbilder mögen Anhaltspunkte in der Realität haben, aber diese Realität wird überhöht und durch eine Transformation von Angst in Aggression ins Mythische aufgebläht. So wie der Jude vom Antisemitismus zum Satan umgedeutet wurde, so wird der politische Islamist zum Idealtyp des Fanatikers hochstilisiert, der einen erbarmungslosen Krieg gegen die Moderne und den Westen führt. Aus den Angstbildern werden zum Teil auch selbsterfüllende Prophezeiungen. Das Szenario des 11.9.2001 wurde durch eine Serie von Katastrophenfilmen der Hollywoodindustrie vorweggenommen, so als hätte die kollektive Phantasie auf die Schreckensereignisse im Herzen der Finanzzentren der USA nur gewartet. Hat sich die Machtsymbolik der Twin Towers etwa nicht als ideale Kulisse für die Endschlacht mit einer terroristischen Weltverschwörung angeboten?

Im Krieg gegen Drogen, gegen Verbrechen und gegen Terrorismus geht es weniger um eine nüchterne Beschreibung des Bösen als vielmehr um Fragmente einer Symbolik des Bösen. Zu dieser Symbolik gehören die Gegensatzpaare von Oben und Unten, Rein und Unrein und vor allem die Bilder von Gut und Böse. Diese Symbolik hat meistens einen Bezug zu neuzeitlichen gnostischen Auffassungen von einer generellen Verdunkelung der Welt oder einer «Geworfenheit in die Welt», die von einem «Fürst der Finsternis», einer «Abwesenheit der Götter» oder einer «Seinsverlassenheit» regiert wird;[2] manichäische Deutungen bestätigen, wie sehr sich nüchterne Erfahrungen des realen Bösen und eine Symbolik des imaginären Bösen durchdringen können und wie oft der Kampf mit dem Bösen auch ein Kampf mit halluzinierten Feinden ist. Osama Bin Laden bliebe auch dann beunruhigend, wenn man nahezu sicher sein könnte, dass er seinen Nierenleiden längst erlegen ist. Er ist inzwischen zur unsterblichen Ikone des Bösen geworden, ohne die der «Krieg gegen den Terror» an Glanz und Bedeutung verlieren würde.

Die Schärfe und vermeintliche Legitimation im Kampf gegen den Terrorismus, der mit der dauerhaften Besetzung islamischer Länder verbunden und auf die Vernichtung von Terroristen wie den Taliban aus ist, scheint von seinen Partisanen nicht als eine Form des weltanschaulichen Imperialismus und als eine Gestalt des totalen Kriegs wahrgenommen zu werden. Wahrscheinlich wird die Geschichtsschreibung der Zukunft im Rückblick jene deutliche Sprache sprechen, in der von Besetzungsmächten und Vernichtungskriegen die Rede sein wird. Wer heute so spricht, wird sogleich als «Verräter» oder «Linker» stigmatisiert, obwohl es doch naheliegend ist, dass es sich um imperialistische und paternalistische Kriege handelt. Paternalistisch ist insbesondere die Auffassung, die besagt: Wir (die Besetzer) müssen so lange im Lande bleiben, bis sich die Völker aus eigner Kraft helfen können. Man spricht also ganzen Völkern oder zum Beispiel den von den Taliban unterdrückten Frauen die Fähigkeit zur Selbsthilfe ab. Dies entspricht dem Klischee der «Barbaren», die nur durch wohlwollende Despoten regiert und «befreit» werden können. «Barbaren» brauchen eine vom «zivilisierten» Ausland eingesetzte Regierung, die auf unbestimmte Zeit von einer Besatzungsmacht unterstützt werden muss.

Mediale Inszenierung und die moralischen Freiräume der Killergames

Der Terrorismus hätte keine Macht ohne die Medien, die punktuelle Ereignisse von Gewalt zu Angstbildern erweitern und verbreiten. In den Bildmedien spielt die Symbolik des Bösen eine hervorragende Rolle; sie lässt sich vor allem in der faszinierenden und abstossenden Feuer- und Schwertgewalt bildmächtig inszenieren. Das Theater der terroristischen Gewalt taucht wie im Horrorfilm unvermittelt aus dem Nichts auf und richtet sich gegen völlig Ahnungslose und Unschuldige. Eine spektakuläre Bluttat eignet sich viel besser als Eintrag ins Schwarzbuch über den politischen Feind als die wirtschaftlichen Entschei-

---

2 Vgl. Heinz Dieter KITTSTEINER, *Heideggers Amerika als Ursprungsort der Weltverdüsterung*, in: DERS.: *Out of Control.* Über die Unverfügbarkeit des historischen Prozesses, Berlin/Wien 2004; erstmals veröffentlicht in: Deutsche Zeitschrift für Philosophie 45 (1997), 599–617.

dungen von Konzernen, Grossmächten und ihrer Verbündeten, die die Armut und den Ausschluss von ganzen Bevölkerungsgruppen planen oder als «Notwendigkeit» in Kauf nehmen. Es braucht den unbequemen Aufwand von Theorie und Statistik, um die Opfer struktureller Gewalt überhaupt ins Visier zu bekommen. Die Opfer von Entlassungen, von schlechten Arbeitsbedingungen und niedrigen Löhnen, von Unterernährung und Kindersterblichkeit lassen sich für eine symbolische Politik weniger instrumentalisieren.

Der Terrorist eignet sich – wie Tiere, Monster und Killermaschinen – zur unproblematischen Zielscheibe im Killergame. Hier darf unbedenklich auf Untermenschliches und Unmenschliches gezielt werden. Das «Ungeziefer des Bösen» verdient kein Mitleid; dessen Verstümmelung und Vernichtung erzeugt keine Schuldgefühle. Das zweite Böse scheint sich in einem fiktiven Kontext abzuspielen, in dem Blut, Folter und Angstschreie nur gespielt sind. Der Krieg ist ein Fake; die Täter und Opfer sind ein Fake. Es darf nach Herzenslust gemordet werden. In der Heimlichkeit und Intimität der Kriegsspiele darf ich selbst unbeobachtet tun, was ich will; Töten wird ebenso vom schlechten Gewissen dispensiert wie Masturbation beim Anblick (scheinbar?) gequälter und missbrauchter Kinder. Ich darf in der virtuellen Welt Held und Krieger, Jäger und Richter, Despot und Folterer sein, ohne für meine Rollenspiele belangt werden zu können. Das Killergame ist der ideale Übungsraum für einen totalen oder heiligen Krieg gegen den Terrorismus. Gäbe es den Terroristen nicht, so müsste er fingiert werden. Seine virtuelle oder reale Existenz stimuliert den militärisch-industriellen Komplex, dessen Strategen darauf warten, ihre neusten Kriegs- und Kontrolltechnologien zu testen.

Die Terroristen schaffen das Bild einer Welt, in der es nur noch Kombattanten gibt, und ihre Feinde übernehmen diese Perspektive und gehen noch weiter: Die Terroristen werden als «Kämpfer ohne Staat» Angehörige einer Sonderklasse; sie werden in einen rechtsfreien Raum gedrängt. Im Krieg gegen den Terrorismus gilt keine Unschuldsvermutung für Nicht-Kombattanten; jede Frau, jedes Kind, jeder Bartträger ist bei Personenkontrollen in Flughäfen und an anderen Kontrollposten suspekt. «Spezialisten für potentielle Terroristen» werden als Fahnder eingesetzt; wer des Terrorismus verdächtigt wird, kann ohne Gerichtsverfahren und Tatbeweis jahrelang festgehalten und gedemütigt werden. Zahlreiche weitere Angriffe auf die Bürgerrechte und die Privatsphäre sowie neue Kontrollmethoden, die bisher gar nicht oder nur gegen dringend Tatverdächtige eingesetzt werden, gehören zum Repertoire der Grenzüberschreitungen im Krieg gegen den Terrorismus.

Auch hier wird deutlich, wie sehr das zweite Böse, das auf das «erste Böse» kriegerisch, rächend oder strafend antwortet, Gefahr läuft, moralische

Unterscheidungen und Hemmungen zu verlieren. So wie der Justiz Irrtümer und problematische Diskriminierungen unterlaufen, so ist der «Krieg gegen den Terrorismus» anfällig für die mimetische Angleichung der Verfolger und Rächer des Bösen an das Böse. Und so wie die Legitimation von Kriegen als «Strafaktionen» verderblich und irreführend ist, so ist auch die Symbolik eines Krieges gegen das Böse fatal. In der grossen Welt der religiösen Symbolik ist dafür der Tatbestand der Hybris vorgesehen, der Anmassung göttlicher Kompetenzen durch seine vermeintlichen Stellvertreter auf Erden. Die Vermischung eschatologischer Szenarien mit strategischen Manifesten, die politische Ausführung und Beschleunigung eines «Heilsplans» gehört zum Repertoire einer Gnosis der Moderne. Das Inferno der Endzeit soll wie in den Terminator-Serien durch eine technische Gigantomachie eingeleitet und beendet werden.

Geschichtsphilosophie der siegreichen Technik im «sauberen Krieg» gegen den «teuflischen Terrorismus»

Wie bei der Bekämpfung von Umweltkatastrophen wird auch im Krieg gegen den Terrorismus immer wieder auf die Übermacht neuster Technologien im Kampf gegen eine rückständige Technologie gesetzt. Auch hier verbirgt sich eine neuzeitliche Geschichtsphilosophie, die technischen Fortschritt als Indiz für den Siegeranspruch von Imperien und Nationen betrachtet. Die jeweils teuerste und raffinierteste Technologie fügt sich in das Bild einer vollständigen Unterordnung und allenfalls auch Vernichtung der technisch und ökonomisch Rückständigen und damit eines Krieges, mit dem zivilisierte Völker vor dem Rückfall in Barbarei gerettet und bewahrt werden. Dass die «Rückständigen» eine eigene Kultur haben – sei es eine islamische, sei es eine buddhistisch-tibetische –, das wird allenfalls zur Nostalgie von «Erbe» und Folklore herabgesetzt, die nur der Konservierung bedürfen, soweit sie dem Tourismus dienen. Die politische Funktionalisierung von Religionen und Kulturen macht aus lebendigen tote Traditionen.

Dem Bild der hässlichen Gewalt des Terrorismus würde man gerne das Bild von «sauberen Kriegen» entgegensetzen, von «Operationen», die eher therapeutisch als militärisch zu verstehen wären. In solchen Gegenüberstellungen wiederholt und erneuert sich die archaische Unterscheidung von Rein und Unrein, die es möglich macht, das eigene Vorgehen als «sauber» und als «Säuberung» zu charakterisieren. Die wichtige Unterscheidung von Gut und Böse wird verwendet als starre Attribuierung von Charaktermasken: Die Terroristen handeln nicht nur schrecklich und böse, sie verkörpern das Böse, d.h. die aus dem Herzen der Menschen stammende Energie, die sich gegen das Wohl und die Freiheit des Restes der Menschheit richtet. Die suggerierte Affinität des Terrorismus mit dem Satanischen besteht darin, dass Terroristen – ähnlich wie unverbesserliche Wiederholungstäter – als zur Reue und Einsicht unfähig betrachtet werden. Sie verdienen insofern ewige Höllenstrafen, weil sie sich diese durch ihre «Verstocktheit» selbst zuziehen. Sie sind also nicht nur verblendet oder vorübergehend kriminell, sondern in ihrem Herzen verdorben und unverbesserlich, unzugänglich für Belehrungen, ja, sogar für Verhandlungen. Das «Wesen» des Terroristen ist sekundär gegenüber dem, was er in den Augen anderer ist, nämlich ein unverbesserlicher Feind und eine Projektion des Diabolischen; auch in diesem Aspekt einer «Politik der Erscheinung» wird die Überschneidung von Realität und Imagination bestätigt.

Der Terrorist entspricht so gesehen dem Idealtyp des Fanatikers, der nicht nur als Mitläufer verstanden wird, sondern als aktiver Anstifter und unerschöpfliche Quelle des Bösen. Er ist insofern «rational» und über die Anfechtungen von Sympathien und Antipathien erhaben, als er sogar bereit wäre, den eigenen Untergang oder den Untergang seiner Familie und Freunde in Kauf zu nehmen, sofern sie seine höheren Ziele behinderten. Dem Fanatiker fällt das Lebensopfer leicht – er ist ein politisch konditionierter und funktionalisierter Märtyrer. Er ist bereit, alles zu verlieren, um alles zu gewinnen. Ob es diesen Fanatiker «in der Realität» gibt, ist eine zweitrangige Frage angesichts der inneren Konsistenz dieser Typologie. Es ist naheliegend, im Krieg gegen den Terrorismus diese Typologie auf terroristische Individuen und Gruppierungen zu übertragen. Ein Feindbild ohne Ambivalenzen erlaubt auch Massnahmen ohne moralische Skrupel.

Symbolik zwischen Illusion und Realität

Die neokonservative Ideologie des Kriegs gegen den Terrorismus bewegt sich in einer Bilderbuchwelt mit scharfen Profilen und unwandelbaren Charakteren. Der konstruktivistische und projektive Charakter, die Symbolik von Gut und Böse und die Etikettierung der Terroristen als Vertreter teuflischer Energien, die den Fortschritt der Zivilisation blockieren möchten, aber letztlich nicht aufhalten können, bestätigen die Affinitäten von Ideologien zur trivialen Welt der Comics von Evil City, der Brutstätte des Bösen und des Grauens, aber auch zu den Theorien einer Gruppe von Weltverschwörern, die versuchen, die Geschichte zu lenken.

Die Symbolik des Bösen ist jedoch nicht eine blosse Entgleisung der Imagination, die durch den Verstand aufgelöst und durch nüchterne (etwa ökonomische) Analysen ersetzt werden könnte. Als Ausgeschlossene und Verachtete fühlen sich nicht nur die Armen, sondern auch und vor allem jene, die nach Beachtung und Anerkennung streben. Anerkennung ist aber ein wesentlich symbolischer Akt der Gegenseitigkeit, der von materiellen Leistungen begleitet sein kann, aber nicht muss. Wer einem Bettler Geld gibt, hat ihn dadurch noch nicht anerkannt; wer ihm dagegen Geld gibt, ihn anredet und ihm ein freundliches Lächeln schenkt, hat ihn damit für einen kurzen Moment auf Augenhöhe behandelt und als Menschen anerkannt, der sich nicht auf seine Funktion als Almosenempfänger reduzieren lässt. Lächeln und Gespräch sind bereits symbolische Handlungen, die die einseitige Symbolik des «Gebens ohne Gegenleistung» oder des «Gebens für ein Kopfnicken» übertreffen und verändern.

Zeichensprache der Gewalt

Die Handlung des Terroristen bleibt schrecklich und verwerflich, auch wenn die Symbolik seiner Handlung fast kindlich naiv ist, nämlich als Flehen nach Beachtung. Als symbolische Mitteilung bleibt sein Verhalten – abgesehen von den furchtbaren Konsequenzen – verwandt mit jenem von Kindern, die durch Trommeln und Pfeifen auf sich aufmerksam machen. Das «terrorisierende Kind», das sich permanent bewegt und in die Gespräche der Erwachsenen einmischt, ist ein entfernter Verwandter des Terroristen, der allerdings die Grenzen des moralisch Tolerierbaren weit überschritten hat und nicht mehr mit elterlicher Nachsicht rechnen darf. Der Terrorismus verwendet eine Zeichensprache, die nicht ankommt. Er gewinnt m. E. kaum neue Sympathisanten und wird nur in den eigenen Reihen bejubelt.

Die Symbolik der verzweifelten und bösen Gebärde wird insbesondere im Krieg gegen den Terrorismus fundamental missverstanden; der desperate Wunsch nach Beachtung wird umgedeutet in die Symptomatik des unverbesserlichen, verstockten und grundlos bösen «Teufelsbratens», dem keine «aufgeklärte Erziehung» beizukommen vermag und der nichts anderes verdient als seine harte, aber gerechte Strafe oder eine rabiate Umerziehung. Von der «wohlverdienten Ohrfeige» bis zur «verdienten lebenslänglichen Verwahrung» führt ein langer, aber ein gerader Weg, denn es geht darum, dass der ungeschickte und unschickliche Kommunikationsversuch des anderen sofort als Kommunikationsabbruch und Kommunikationsunfähigkeit gedeutet wird.

Das zweite Böse manifestiert sich in der totalitären Praxis der Umerziehung (die weiterlebt in den amerikanischen Erziehungskamps für Jugendliche), der alle Mittel (wie Demütigung und Manipulation, Folter und Morddrohungen) recht sind, um das krumme Holz der Menschheit gerade zu biegen. Was scheinbar eine Humanisierung im Umgang mit Terroristen ist, wird zum Attentat auf ihren Personenkern. Sie sollen gegen ihren Willen verwandelt werden, wie wenn z. B. ein Mann gegen seinen Willen in eine Frau verwandelt würde. Diese «moralische Umwandlung» oder Zwangsbekehrung ist stets prekär, weil der Verdacht bestehen bleibt, dass sich ein Suspekter nur scheinbar wandelt, strategisch anpasst und heuchelt, um bei der nächsten Gelegenheit wieder ins alte Schema zurückzufallen.

Dass Menschen zu Mördern und Terroristen werden, gibt manche Rätsel auf. Der Mord an Unbeteiligten und Unschuldigen lässt sich nicht durch die Notlage oder die Zeichensprache des Verzweifelten moralisch rechtfertigen. Das Böse ist böse und sollte nicht umbenannt werden. Das Böse enthält auch nicht notwendigerweise ein tiefes Geheimnis, sondern es kann auf einer Mischung von banalen und konfusen Motiven beruhen und durch eine unrealistische, falsche oder bösartige Ideologie verstärkt werden. Das Böse wird auch durch zahlreiche äussere Faktoren verstärkt, aber es lässt sich vielleicht nicht vollständig kausal erklären. Deshalb wird das Böse häufig narrativ erklärt, nämlich durch Geschichten, die veranschaulichen, warum und wie jemand von Hass und Grausamkeit getrieben handelt. Es gibt so etwas wie das «erste Böse», die vermeidbare und moralisch zu verantwortende Initiation von schrecklichen Handlungen aus böser Absicht, Fahrlässigkeit, Unwissenheit oder Gleichgültigkeit. Der Terrorismus fällt unter die Kategorie des «ersten Bösen» – daran besteht meines Erachtens kein Zweifel.

Das Böse stellt sich aber auch dann ein, wenn Menschen versuchen, das «erste Böse» mit allen Mitteln zu bekämpfen und dabei sich selbst gleichsam aus den Augen verlieren. Deshalb sind bereits moralische Vorwürfe, aber noch vielmehr Strafen oder gar Kriege moralisch problematisch. Es gibt keine sich selbst rechtfertigenden Strafen und keine unvermeidbaren Kriege. Die Provokationen, die vom Bösen ausgehen, sind auch Versuchungen, den Verstand zu verlieren und sich zu unverhältnismässigen Reaktionen hinreissen zu lassen. Der Terrorismus ist nicht nur als Unrecht und Verbrechen, sondern auch als Provokation zu verstehen, die seine Kritiker und Feinde dazu verführen kann, die Selbstkontrolle zu verlieren und sich damit zu entschuldigen, dass sie zu Gegenreaktionen gezwungen wurden. Die Provokation des Terrorismus könnte auch darin bestehen, dass er «Recht im Unrecht» enthält und eine ungeschickte und unschickliche Form der Mitteilung darstellt, die wir vielleicht als Spiegel benutzen könnten. Der Terrorismus ist auch die Symptomatik jener, die sich als Opfer sehen und die unter besseren Bedingungen in der Lage wären, das Schwarzbuch der westlichen Zivilisation, des globalen Kapitalismus und der Nebenfolgen unserer Unterlassungen zu verfassen.

Zeit für Trauer und Trost anstelle von blindem Aktionismus

Der Krieg gegen den Terrorismus war und ist auch ein Indiz für unterlassene und vorzeitig abgebrochene Trauerarbeit. Der symbolische und reale Bellizismus als Antwort auf den Terrorismus entspricht den Rachefeldzügen jener einsamen Cowboys, die den Sinn ihres ganzen Lebens der Aufgabe widmen, Bösewichter zur Strecke zu bringen und die schmerzlichen Gefühle der Trauer von sich abzuspalten und mit Gewaltphantasien zuzudecken. Der romantische Rächer weint nie, zeigt nur kurz seine Trauer, um danach im Krampf und Grimm des Nicht-Verzeihen-Könnens gefangen zu bleiben. Gefangene des Hasses, Gefangene der Rache: Es scheint so, als hätten sich die Helden der Selbstjustiz im Voraus selbst bestraft. Sie sind untröstlich, denn in der Rache liegt kein Trost.

Trauer ist die einzige ehrliche und nicht bösartige Haltung gegenüber den uns lieben und nahen Opfern von Ungerechtigkeit und Gewalt. Wer trauert, ist offen für Trost, auch wenn dieser Trost oft nicht von den eifrigen Reden wohlmeinender Tröster stammt, vgl. Ijobs Reden gegen seine Freunde. Menschen können in den Tränen, im Schweigen der Natur, im Trösten anderer und in der Nähe von Tieren Trost finden. Der trostlose Ijob gibt selbst einen Rat zur Tröstung, der lautet: «Doch frag nur die Tiere, sie lehren es dich, die Vögel des Himmels, sie künden es dir. Rede zur Erde, sie wird es dich lehren, die Fisches des Meeres erzählen es dir» (Ijob 12,7 f.). Das Schweigen und die stille Anwesenheit der Tiere stehen hier für einen Trost, der letztlich auf ein Urvertrauen des Kindes Gottes verweist – ein Reservoir des Glaubens, das tiefer und wirksamer ist als die eifrige Zurede von Menschen. Nach einer tiefsinnigen Deutung von S. Kierkegaard mischt sich in die Trostrede von Menschen meist ein Element des Vergleichs. Der Rat lautet: «Sei fröhlich – wie ich es bin.» Oder: «Sei stark – wie ich es bin.»[3] Im Trost bei den Lilien auf dem Felde und den Vögeln im Himmel (vgl. Mt 6,26.28) entfällt der «unruhige Gedanke des Vergleichs».[4] Nur im Kontext des Unvergleichlichen, in der Unmöglichkeit eines Vergleichs liegt die Beruhigung und Gelassenheit des Trostes, der von der Schöpfung und ihrem Schöpfer ausgeht. Trauer und Trostbedürftigkeit suchen ein Refugium, in dem sich das Kräftemessen und die Konkurrenz unter den Menschen erübrigen. Vielleicht liegt schon darin ein Trost, mit meinen Gefühlen ich selbst sein zu dürfen, ohne mich als Held, Rächer und Krieger beweisen zu müssen.

---

3 Vgl. Søren KIERKEGAARD (2004/1847): *Erbauliche Reden in verschiedenem Geist*, in: Søren KIERKEGAARD: *Gesammelte Werke und Tagebücher* Band 13, 18. Abteilung, Simmerath 2004, ¹1847.

4 Vgl. a. a . O. 173.177; vgl. 168 f.

Die Hinweise auf Trauer und Bedürfnis nach Trost sind nicht als Aufforderungen zum politischen Eskapismus zu verstehen. Sie sind jedoch Korrektive gegen die Überreaktionen des Ärgers, des Zorns und des Revanchismus, gegen die unverhältnismässige Politik eines Krieges gegen Terroristen, in dem möglichst pompös gehandelt und mit Kanonen auf Spatzen geschossen wird. Trauer schliesst nicht aus, dass ich mich in einer Opferorganisation einsetze, aber unterlassene Trauer könnte dazu führen, Opferorganisationen in Racheagenturen umzufunktionieren, die nichts anderes suchen als drakonische Strafen oder die Lebenszeitverwahrung von bestimmten Straftätern. An diesem Punkt schlägt die legitime Antwort auf das «erste Böse» in die Kategorie des zweiten Bösen um; dieses bleibt uns leider so oft verborgen, weil es jenes Böse ist, das meint, sich auf ein gutes Gewissen stützen zu können. «Gott, bewahre uns vor dem guten Gewissen!»

Das Böse kennt so viele Gesichter und Aspekte, dass es auch keine simple Lösung dafür gibt. Als Kehrseite der menschlichen Freiheit ist es ohnehin «radikal», das heisst – ebenso wie die Anlagen und Neigungen zum Guten – in der Natur des Menschen angelegt. Diese ist moralisch ambivalent; wir sind «von Natur aus» fähig zum Guten und zum Bösen. Die inneren Faktoren des Bösen sind vielfältig und reichen von den enttäuschten Erwartungen, Eifersucht und Neid bis zum generationenübergreifenden Hass. Das Böse manifestiert sich in den Grausamkeiten, und zwar nicht nur in den aktiven, sondern auch in den passiven, mit denen wir ganze Völker und Kontinente ausschliessen. Der Terrorismus hat auch Anteile dieser inneren Faktoren des Bösen; andernfalls wären alle Armen und Ausgeschlossenen, alle Geknechteten und Verdammten dieser Erde Terroristen. Wer also behauptet, der Terrorismus sei ausschliesslich durch die äusseren Faktoren zu erklären und zu verstehen, der beleidigt alle Armen und Ausgestossenen, die sich nicht zu kriminellen Handlungen legitimiert fühlen. Das Böse im Terrorismus lässt sich nicht aus Versuchungen oder sozialen Pathologien ableiten, obwohl diese äusseren Faktoren natürlich eine grosse Rolle spielen.

Der Terrorismus ist auch eine Erscheinungsform des zweiten Bösen, sofern der Terrorist glaubt, mit gutem Gewissen und aus legitimen Gründen andere Menschen verstümmeln und töten zu dürfen. Das Böse lässt sich aber per definitionem nicht moralisch rechtfertigen, denn es ist das, was mehr als nur auf den ersten Blick moralisch falsch ist, nämlich das Schreckliche der Gräueltaten oder der fürchterlichen, aber vermeidbaren Konsequenzen von Handlungen und Unterlassungen für Menschen und Tiere. Es lässt sich nur teilweise verstehen, nämlich als Zeichensprache und Ausdrucksform jener, die glauben, unterzugehen und in der Weltöffentlichkeit nicht mehr wahrgenommen zu werden.

Insofern ist ein Weg im Kampf gegen den Terrorismus vorgezeichnet, nämlich die Verbesserung sozialer Umstände in Verbindung mit einer Politik der Anerkennung. Der Krieg gegen den Terrorismus lässt sich dagegen nicht auf diese Zeichensprache ein, sondern ersetzt die unverstandene Symbolik der Terroristen durch die imperiale und gnostische Symbolik eines totalen Krieges gegen das Niedrige, Unreine und Diabolische einer feindlichen Gegenwelt.

Weiterführende Literatur

Vittorio BUFACCHI (Hg.), *Violence*. A Philosophical Anthology, Basingstoke (UK) 2009.

Rüdiger LOHLKER, *Dschihadismus*. Materialien, Wien 2009.

Tamar MEISELS, *The Trouble with Terror*. Liberty, Security, and the Response to Terrorism, Cambridge 2008.

Kay SOKOLOWSKY, *Feindbild Moslem*, Berlin 2009.

Jean-Claude WOLF, *Das Böse*, Berlin 2011.

Angst in Wirtschaft und Politik

Guy Kirsch

1.

Die Angst begegnet sich nicht selten selbst; Angst ruft Angst hervor. Dies ist bedauerlich, verstellt es doch den nüchternen Blick auf ein geradezu allgegenwärtiges Phänomen. Es empfiehlt sich also – ehe wir uns dem eigentlichen Thema zuwenden – die Voraussetzung für eine möglichst angstfreie Rede über die Angst zu schaffen. Dies geschieht zweckmässig dadurch, dass wir uns über den Sinn der Wörter verständigen, gleichsam die Angst auf den Begriff bringen; schliesslich kann man nur in den Griff bekommen, was man selbst begriffen hat, was man selbst auf den Begriff gebracht hat.

Hilfreich ist dabei, auf jene begriffliche Unterscheidung zurückzugreifen, die Søren Kierkegaard vorgeschlagen hat: *Angst und Furcht*. Nach Kierkegaard spricht man dann von *Angst*, wenn es sich um das Gefühl einer Bedrohung handelt, die nicht identifiziert ist. Im Gegensatz dazu versteht man unter *Furcht* das Gefühl einer Bedrohung durch eine identifizierte Gefahr. Kierkegaards Begriffsbildung ist – dies am Rande – durchaus in Übereinstimmung mit dem allgemeinen Sprachgebrauch: Man hat schlicht Angst, doch man fürchtet sich vor etwas Bestimmtem.

2.

Nun ist – wie jeder aus Erfahrung weiss – die Angst ein unerquickliches Gefühl, und in einem ersten Angehen mag man versucht sein zu wünschen, ohne Angst zu sein, angstfrei leben zu können. Dieser Versuchung sollte man tunlichst widerstehen; aus folgendem Grund: Wer ohne Angst wäre, hätte kein Gefühl für die potenzielle Gefährlichkeit der Welt, ginge arglos durch die Welt. Nur käme er nicht weit. Sehr bald würde er das Opfer einer Gefahr werden, für die er keine Sensibilität gehabt hätte. In nuce: Wer ohne Angst ist, lebt nicht lange. Es ist eine keineswegs abwegige Annahme, dass alle Lebewesen, vom Wurm bis zum Menschen, Angst haben, ein Gefühl für die Bedrohlichkeit der Welt haben, dass die Angst geradezu genetisch einprogrammiert ist; hätten nämlich ihre fernen Vorfahren keine Angst gehabt, wären diese mit einiger Wahrscheinlichkeit den in der Welt lauernden Gefahren zum Opfer gefallen, ehe sie Nachkommen hätten zeugen können.

Es ist also vorerst festzuhalten: Die Angst ist eine notwendige Bedingung für das Leben, das Überleben in einer potenziell gefährlichen Welt. Der Traum von einem angstfreien Leben ist vielleicht verführerisch, doch ist er wirklichkeitsfremd. Dies schliesst nicht aus, dass es Fälle gibt, in denen das durchaus lebensnotwendige Gefühl der Angst sich zu pathologischer Intensität steigert und so selbst lebensfeindlich, ja, lebensbedrohlich wird.

3.

Allerdings: Mag auch die Angst eine *notwendige* Bedingung für das Leben und Überleben in einer potenziell gefährlichen Welt sein, so ist sie doch keine *hinreichende* Bedingung. Dies deshalb, weil jemand, der nur Angst hat, also nur weiss, dass irgendwo irgendwann irgendeine Gefahr lauern kann, nur drei Verhaltensmöglichkeiten hat: Erstens kann er alle und alles angreifen; zweitens kann er vor allem und allen flüchten, allem und allen aus dem Weg gehen, alles und alle meiden; schliesslich kann er, drittens, in katatone Erstarrung verfallen, sich gleichsam totstellen.

So unterschiedlich diese drei Reaktionsweisen auch sein mögen, so haben sie doch eines gemeinsam: Sie erlauben kein gezielt-konstruktives Verhalten. In der Tat: Wie soll man in der Welt leben, ja, auch nur Überleben, geschweige denn gut leben, wenn man vor aller Welt flieht, auf alle Welt aggressiv losgeht bzw. in einer totenähnlichen Starre liegt?

Soll also die lebensnotwendige Angst lebensfreundlich genutzt werden, soll also ein gezielt-konstruktives Verhalten möglich werden, so muss die Angst in ein Gefühl transformiert werden, das ein solches Verhalten möglich macht. Und dieses Gefühl ist die Furcht. Man kann es auch so sagen: An die Stelle des Gefühls der Bedrohung durch eine nicht identifizierte Gefahr muss das Wissen um eine identifizierte Gefahr treten: Wo man nur Angst hatte, muss man sich vor etwas bzw. vor jemandem fürchten können. Erst wenn diese Transformation der Angst in Furcht gelungen ist, ist ein gezieltes Handeln möglich; erst dann muss man nicht vor allem und allen flüchten, muss man nicht alles und alle angreifen, muss man sich nicht totstellen; erst jetzt weiss man, vor wem bzw. vor was man davonlaufen, wen oder was man offensiv angehen soll.

(Nebenbei: Es ist dies die Einsicht, die in dem Märchen von jenem enthalten ist, der auszog, das Fürchten zu lernen; in der Tat: Der junge Mann wusste, dass ihm zum Leben solange etwas fehlte, wie er nicht wusste, vor was er sich fürchten konnte; mit der Angst allein war er verloren.)

Oben hiess es, dass alle Lebewesen Angst, ein Gefühl für die potenzielle Bedrohlichkeit der Welt haben. An dieser Stelle ist nun hinzuzufügen, dass offensichtlich auch die meisten, vielleicht alle Lebewesen den Drang haben, die Angst in Furcht zu transformieren, also dann, wenn sie sich allgemein bedroht fühlen, herauszufinden, was bzw. wer sie konkret gefährdet. Wer etwa in der Nacht aufwacht, weil er im Haus ein ungewohntes Geräusch hört, wird wissen wollen, was dessen Ursache ist: ein klappernder Fensterladen, ein verirrter Nachtfalter, eine streunende Ratte, ein Einbrecher. Das Geräusch allein verursacht Angst; erst die Identifizierung der Bedrohung erlaubt ein gezieltes Handeln.

Auch hier kann man annehmen, dass im Zuge der Evolution nur jene Lebewesen prosperiert, sich vermehrt, also als Spezies überlebt haben, die geradezu instinktiv dazu neigen, Angst in Furcht zu transformieren, also jenes bzw. jenen auszumachen, das bzw. der sie bedroht. Man kann es auch so sagen: Weil wir Angst haben, sind wir auf der Suche nach dem, was wir fürchten sollen, nach Furchtobjekten. So sieht der kleine Junge in Goethes Erlkönig in den Weiden am Bach furchteinflössende Gestalten, weil er Angst hat; nicht aber hat er Angst, weil es im Dunkel der Nacht etwas zum Fürchten gibt.

4.

Vorerst ist also festzuhalten: Als Folge der Evolution sind wir angstgetrieben und furchtgierig. Und das ist gut so. Allerdings: So wie sich die Angst zu pathologischer Intensität steigern kann, so mag die Suche nach Furchtobjekten ihre eigene Pathologie aufweisen. So kann sich etwa der angstgetriebene Mensch bei der Identifizierung von Furchtobjekten irren, also völlig harmlose Zeitgenossen bzw. völlig ungefährliche Tatbestände als bedrohlich empfinden, gar Phantasmen – etwa «Aliens» – als reale Bedrohung empfinden.

Sehen wir aber von dieser Einschränkung ab, so zeigt sich: Wenn und weil die Menschen ein Gefühl für die allgegenwärtige potenzielle Gefährlichkeit der Welt haben, sind sie konstant auf der Suche nach Furchtobjekten. Dies ist nicht verwunderlich: Wer nämlich ohne Furchtobjekte ist bzw. wäre, ist bzw. wäre seiner Angst hilflos ausgeliefert; ein gezielt-konstruktives Verhalten ist bzw. wäre ihm – siehe oben – nicht möglich. Es ist also nicht verwunderlich, wohl aber zu begrüssen, dass wir konstant auf der Suche nach dem sind, was wir fürchten können; auch ist es weder überraschend noch bedenklich, dass wir nur dann davon ablassen, etwas bzw. jemanden zu fürchten, wenn ein «Ersatz» zur Hand ist, wenn also an die Stelle dessen, das bzw. den wir bislang gefürchtet haben, etwas bzw. jemand tritt, das oder den wir fürchten können. Wir sind offensichtlich so programmiert, dass wir ohne Angst nicht überleben und ohne Furcht nicht leben können.

In der Sprache der Ökonomen: Angstgetrieben agieren die Menschen als Nachfrager von Furchtobjekten. Nun möchte es scheinen, dass nichts leichter ist, als zu wissen, was bzw. wer einen bedroht. Dem ist nicht so; nicht jeder und jedes gilt dem Einzelnen als eine gültige und plausible Bedrohung, die dem Gefühl der allgemeinen Gefährlichkeit gerecht wird: Wen in der Nacht ein ungewohntes Geräusch aufweckt, der gibt sich erst dann zufrieden, wenn er herausgefunden hat, was nach seiner Einschätzung sein Erschrecken rechtfertigt. Dies aber bedeutet, dass die Nachfrage nach Furchtobjekten ein mühseliges und kostspieliges Unterfangen sein kann.

5.

Der Einzelne ist also verständlicherweise empfänglich für alles, was ihm bei der Befriedigung seiner Nachfrage behilflich sein kann; er ist empfänglich – und im Zweifel zahlungsbereit – gegenüber all jenen, die ihn bei dem Identifizieren von für ihn plausiblen Furchtobjekten unterstützen. Und hierin liegt die Chance der Anbieter von Furchtobjekten.

Die Anbieter von Furchtobjekten: Sieht man mit nüchternem Blick hin, so zeigt sich, dass ihre Zahl gross und ihre Vielfalt beeindruckend ist. Es zeigt sich auch, dass sie – trotz allen Unterschieden, die sie trennen – eines gemeinsam haben: Sie treten als Anbieter von Furchtobjekten auf, um ihre eigenen Ziele zu verfolgen. Mögen die Nachfrager von Furchtobjekten auch einen Nutzen aus der Transformation ihrer Angst in Furcht haben, so profitieren die Anbieter ihrerseits davon, dass sie diese Objekte bereitstellen. Da gibt es etwa den Wissenschaftler, der – zu Recht oder nicht – glaubt nachweisen zu können, dass die Benutzung von Handys das Gehirn schädigt, und als Folge einer entsprechenden Publikation Prestige und Gutachterhonorare kassiert; da gibt es den Journalisten, der die Auflage seines Blattes durch die Schlagzeile «Der Tod im Ohr» steigert; da gibt es die Handy-Firma die «besonders strahlenarme und hirnfreundliche» Geräte anbietet, da gibt es den Politiker, der, um sich zu profilieren, eine Initiative zum Schutz der Gehirne vor schädlichen Strahlen ankündigt; da gibt es jenen, der einige Publicity dadurch sucht, die Handystrahlen als Zeichen für einen hinterhältigen Angriff von

«Aliens» auf die Menschheit zu deuten, da gibt es ... – die Liste lässt sich beliebig verlängern.

6.

Auf den ersten Blick mag diese Sicht der Dinge überraschen; ein zweiter Blick zeigt aber, dass ein Grossteil dessen, was in Wirtschaft und Politik gehandelt und verhandelt wird, zwischen jenen stattfindet, die einerseits als Anbieter von, andererseits als Nachfrager nach Furchtobjekten auftreten.

Akzeptiert man diese Sicht der Dinge, so treten weitere Punkte mit grosser Deutlichkeit in Erscheinung. *Erstens*: Furchtobjekte müssen in den Augen der angstgetriebenen Nachfrager plausibel sein; es ist aber nicht unbedingt nötig, dass diese Furchtobjekte tatsächlich eine Bedrohung darstellen. So mag sich der Leser noch daran erinnern, dass er sich vor nicht allzu langer Zeit im Zeichen von BSE vor dem völlig harmlosen Rinderfilet auf seinem Teller gefürchtet hat. *Zweitens*: Auch Menschengruppen, also nicht nur Einzelne bzw. Einzelnes, können durchaus als Furchtobjekte plausibel erscheinen. Muslime, Juden, Schwule, Farbige u. a. können unter Umständen (und werden gegenwärtig) als konkrete Bedrohungen gefürchtet – und dies symptomatischerweise sehr häufig von jenen, die noch nie bewusst mit einem Muslim, einem Juden, einem Homosexuellen, einem Farbigen in Kontakt gekommen sind. *Drittens*: Die Nachfrager lassen von bestimmten Furchtobjekten durchwegs nicht schon dann, wenn deren Harmlosigkeit nachgewiesen worden ist, sondern erst dann, wenn ein anderes Furchtobjekt an dessen Stelle treten kann. Offenkundig sind wir in unserer Lebens- und Weltangst so sehr auf Furchtobjekte angewiesen, dass wir uns von einem Furchtobjekt nur dann trennen, wenn ein anderes zur Verfügung steht, an das wir uns in unserer Angst klammern können. Es ist also durchaus verständlich, dass sich einerseits die gerade gängigen Furchtobjekte in manchmal schneller Folge ablösen, dass wir andererseits aber praktisch nie ohne im jeweiligen Augenblick plausible Furchtobjekte auskommen. Hätten wir solche nicht, wären wir *unmittelbar* mit unserer Angst konfrontiert, und in dieser Situation würde das Überleben schwierig und das gute Leben vollends unmöglich.

7.

So weit, so gut; doch ist dies noch nicht alles. Denn das Angebot beschränkt sich durchwegs nicht darauf, das zur Verfügung zu stellen, was zum Fürchten ist; es werden auch jene Mittel angeboten, mittels derer der jeweils identifizierten Gefahr begegnet werden kann.

Beispiele: Ein Anbieter transformiert die *Angst* mancher Damen in die *Furcht* vor den «kleinen Fältchen» und bietet als *Mittel* gegen eben diese das «Oil of …» an. Oder: Weil die Pubertät mit Angstgefühlen verbunden wird, konkretisiert eine Firma diese Angst in die Furcht, kein richtiger Mann zu werden, und bietet als Mittel gegen diese Furcht an: Rauche M. und du bist ein richtiger Mann unter richtigen Männern. Oder: Weil in einer globalisierten Welt für den Einzelnen die Übersichtlichkeit verloren zu gehen droht, also Angst entsteht, bietet eine Partei die «Ausländer» als Furchtobjekte an und wirbt gleichzeitig für eine Politik, wie dieser Gefahr zu begegnen ist. Dabei muss auch hier die Gefahr nicht real, jedenfalls nicht zweifelsfrei identifiziert sein; wichtig ist nur, dass sie als plausibel *vermittelt* werden kann. So hat es etwa der ehemalige US-Präsident George W. Bush jr. verstanden, gegen alle Evidenz Al Kaida als Terrororganisation mit fester Organisation und ausgearbeiteter Strategie darzustellen und mit dem Argument, diese bekämpfen zu wollen, eine bestimmte Politik wenigstens zeitweilig erfolgreich angepriesen.

8.

Aus dem Gesagten ergibt sich, dass das Angebot von Furchtobjekten in zwei Varianten bestehen kann, die entweder jeweils jede für sich oder aber beide im Verbund auftreten können: So mag ein Anbieter sich darauf beschränken, seinen Erfolg dadurch zu suchen, dass er plausibel zeigt, was bzw. wer konkret zu fürchten ist, oder aber dadurch, dass er Mittel anbietet, mittels derer einer identifizierten Gefahr begegnet werden kann. Er kann aber auch seinen Erfolg dadurch anstreben, dass er den Nachfragern mit der doppelten Botschaft begegnet, was die Furchtobjekte sind und wie ihnen zu begegnen ist. Mittels welcher Strategie ein Anbieter im Raum der Wirtschaft bzw. der Politik seinen Erfolg anstrebt, ist dann ein Problem, das der Anbieter, sei es als Unternehmer oder aber als Politiker, unter Berücksichtigung seiner Ressourcen und mit Blick auf die Reaktionen der Nachfrager, also der Käufer bzw. der Wähler, zu lösen hat.

Es spricht einiges dafür, dass derjenige Unternehmer oder Politiker die grösste Aufmerksamkeit findet, dem es gelingt, ein bestimmtes Furchtobjekt als plausible Bedrohung zu vermitteln; dass aber derjenige Unternehmer die meisten Käufer anlockt bzw. Politiker eher gewählt wird, der es schafft, glaubwürdig ein Mittel gegen eine plausibel identifizierte Bedrohung anzubieten. So ergab eine Studie über US-Wahlkämpfe um das Präsidentenamt, dass jener Kandidat besonders grosse Aufmerksamkeitswerte registrieren konnte, der eine konkrete Gefahr plausibel machen konnte, dass aber jener schliesslich gewählt wurde, der ein Mittel, eine Strategie, eine Politik anbieten konnte, um einer als plausibel geltenden Gefahr zu begegnen.

Es ist also verständlich, dass Politiker und Unternehmer durchweg danach streben, beides zu tun: Gefahren zu identifizieren und Mittel anzubieten, mittels derer sie bekämpft werden können. Einschränkend ist aber darauf hinzuweisen, dass beides zu tun nicht unbedingt immer und überall einzelnen Politikern oder Unternehmern möglich ist, sie also den Erfolg dadurch suchen müssen, dass sie sich eher auf das eine oder aber auf das andere konzentrieren – dies dann mit den entsprechenden Folgen.

9.

Spätestens an dieser Stelle mag sich der kritische Leser zu Wort melden. Es ist in der Tat verständlich, wenn man ein leises Unbehagen, gar eine heftige Entrüstung spürt angesichts einer Analyse, die – offenbar ungerührt – akzeptiert, dass die Angst, die Lebens- und Existenzangst der Menschen von Politikern und Unternehmern, von Journalisten und Wissenschaftlern, von Ärzten und Priestern im Dienste eigener Zwecke instrumentalisiert wird. Ist es nicht empörend, wenn einzelne die Angst der Mitmenschen vor der Gefährlichkeit der Welt dazu benutzen, um selbst ihre eigenen Gewinne zu maximieren, ihr eigenes Prestige zu steigern, Wahlen zu gewinnen usw.?

Die Entrüstung ist durchaus verständlich; doch verständig ist sie nicht. Dies aus folgendem Grund: Indem nämlich – im Zweifel durchaus aus Selbstsucht – Furchtobjekte angeboten werden, wird es den angstgeplagten Menschen leicht gemacht, ihre Angst in eine Furcht umzusetzen, die ihnen ein gezieltes und konstruktives Verhalten erlaubt. Gäbe es die Anbieter von Furchtobjekten nicht bzw. würden sie nicht durch die eigenen Interessen motiviert, immer neue Furchtobjekte anzubieten, so blieben die Einzelnen mit ihrer Angst allein; sie müssten dann – im Zweifel mühselig genug – selbst herausfinden, was sie konkret bedroht. Würde ihnen dies nicht gelingen, so müssten sie das Leben in dieser Welt mit den grossen Scheinen der Lebens- und Existenzangst bezahlen, nicht aber könnten sie dies mittels der kleinen Münzen begrenzter Furcht tun.

Es ist allerdings richtig: Unsere optimistische Analyse ist nur dann berechtigt, wenn die Anbieter es nicht in der Hand haben, den angstgeplagten Menschen Furchtobjekte aufzuzwingen, weil diese keine Alternativen haben, also nicht frei sind, dann zu anderen Anbietern von Furchtobjekten überzuwechseln, wenn diese ihrer Angst eher gerecht werden. Es ist also zu fordern, dass die angstgeplagten Menschen nicht *einem* Anbieter von Furchtobjekten ausgeliefert sind, sondern dass eine *Vielzahl* von Anbietern um die Nachfrager konkurrieren.

Dass hier und heute diese Bedingung nicht unbedingt immer und überall erfüllt ist, muss nicht eigens betont werden. Allerdings: Auch wenn man dies anerkennt, ist dies gewiss ein Grund, das Zusammenspiel von Anbietern von und Nachfragern nach Furchtobjekten als solches empört abzulehnen; es ist dies dann allerdings ein Grund, darauf hinzuwirken, dass die Freiheit der Menschen bei der Wahl der Furchtobjekte, die sie in einer bestimmten Lebenslage als ihrer Angst angemessen empfinden, gesichert ist und bleibt.

Es muss den Einzelnen also möglich sein, ein Furchtobjekt gegen ein anderes auszutauschen; es muss ihnen möglich sein, von einem Anbieter von Furchtobjekten zu einem andern überwechseln zu können. Konkret: Es ist dann nichts dagegen einzuwenden, dass eine Kosmetikfirma die Angst der Menschen in die Furcht vor den «kleinen Fältchen» umwandelt und ein Mittel gegen diese anbietet, wenn anderen Firmen die Möglichkeit offensteht, ihrerseits Dinge anzubieten, die zum Fürchten sind und gegen die man dieses oder jenes Mittel einsetzen kann. Oder – anderes Beispiel – es ist nichts dagegen einzuwenden, dass ein Politiker Saddam Hussein als die zu fürchtende Bedrohung darstellt und die Invasion des Irak als Mittel anpreist, wenn – was seinerzeit nicht der Fall war – andere Sichtweisen, etwa von der Presse vorgetragen, ins Spiel gebracht werden können.

10.

Das Stichwort lautet demnach: Wettbewerb der Anbieter von Furchtobjekten in Politik und Wirtschaft. Mit grosser Klarheit wird dies deutlich, wenn man vergleicht, wie in liberalen Gesellschaften einerseits, in freiheitsfeindlichen Regimes andererseits mit Angst und Furcht umgegangen wird: Es ist symptomatisch für ein diktatorisches Regime wie etwa Kim Jong Ils Nordkorea, dass es dort dem Einzelnen *nicht* erlaubt ist, in aller Offenheit zuzugeben, dass er Angst hat, dass für ihn die Welt potenziell gefährlich ist. Wie sollte er auch Angst haben, wenn der glorreiche Führer alles Unheil von ihm fernhält und er auf Erden in einem Paradies lebt? Im Gegensatz dazu kann sich in einer freien

Gesellschaft der Einzelne in aller Offenheit dazu bekennen, dass er die Welt auch als potenziell gefährlich erlebt, er also Angst hat.

Dieser Unterschied zwischen den beiden konträren Ordnungen ist alles andere als belanglos: In einer liberalen Gesellschaft ist der Einzelne, im Gegensatz zu seinem Pendant in einer diktatorischen Gesellschaft, nicht notwendigerweise mit seiner Angst allein und einsam. Dies kann man nicht hoch genug schätzen.

Man mag einwenden, dass es auch für Kim Jong Ils Republik Dinge gibt, die zum Fürchten sind, etwa die US-Amerikaner. Das ist richtig, nur handelt es sich symptomatischerweise um «Objekte», die der Einzelne fürchten *muss*, nicht aber die der Einzelne fürchten *kann*, wenn *er* dies denn für angebracht hält.

Zusammenfassend ist festzuhalten: Es ist der Vorteil einer liberalen politischen, gesellschaftlichen und wirtschaftlichen Ordnung, dass dort – im Gegensatz zu freiheitsfeindlichen Regimes – der Einzelne mit seiner Angst nicht allein bleiben muss und dass er sich jeweils für jene Furchtobjekte entscheiden kann, die *ihm* erlauben, in *seiner* Lebenslage mit *seiner* Angst nach *seinem* Dafürhalten möglichst konstruktiv umzugehen.

Religion und Angst

Hanna-Barbara Gerl-Falkovitz

1. Prolog

«Tief ist der Brunnen der Vergangenheit. Sollte man ihn nicht unergründlich nennen?»[1] So beginnt Thomas Mann seinen Josephsroman, in dem er aus den Quellen der altorientalischen und semitischen Kulturen schöpft. Übrigens wurde der Roman 1933 veröffentlicht, als diese Quellen, die Europa prägten, verschüttet werden sollten zugunsten einer anderen Überlieferung, die – nicht weniger alt – lügenhaft glorifiziert und in der Folge auch diskreditiert wurde. Warum dieser Einsatz mit den semitischen und den nordischen Brunnen? Weil beide in die unergründliche Welt der Religion hinabreichen und dort, auf dem Grund des Menschlichen, die Angst finden – und die Bannung der Angst. In Religion bricht sich, in tausend Facetten, die seelische Welt des Menschen. Seine Angst kann z. B. in Abbildungen von Dämonen anschaulich werden; sie verstärkt sich damit, kann aber in ihren Schattenseiten auch überwunden und befriedet werden.

Wer heute mit dem spätmodern-aufgeklärten Bewusstsein, das sich übrigens weithin den Aufhellungen des Christentums verdankt, an Religion und Angst herantritt, so meist mit einem moralischen Zeigefinger: Religion soll und darf nicht Angst erzeugen; wo sie es tut, gehört sie «erzogen», verbessert, gereinigt. Doch ist zu beobachten, dass, gerade wenn Angst zivilisatorisch gebändigt ist, neue Gewalt- und Angstpotentiale produziert werden: virtuell in Film und Internet, in Amokläufen, durch Geiselnehmer, in aller Art von anonym sich austobender Gewalt, gerade da, wo Religion längst verblasst ist. Die Lust an der Angst (der anderen) und die (eigenen) Angst-Psychosen werden offenbar nicht zwingend durch Religion ausgelöst. Der naheliegende Einwand lautet, dass seit rund zwanzig Jahren weltweit ein atavistisches Bild Allahs virulent sei, in dessen Namen getötet wird, was jedenfalls als Vorwand durch die Islamisten gebraucht wird. Dennoch: Wenn Religion tatsächlich Gewalt erzeugt, so trifft

---

1 Thomas MANN, *Joseph und seine Brüder*, Frankfurt a. M. 1975, 5.

sie offenbar auf etwas Sprungbereites im Menschen, das erst im gemeinsamen Kultus (der Wurzel der Kultur) beherrschbar wird.

Daher ist es sinnlos, Angst durch Abschaffung von Religion ebenfalls abzu-schaffen. Das Phänomen Angst muss anders eingekreist werden. Die These lautet: Religion ist nicht Produzent von Angst, sondern deren – wirkungsvollste – Bear-beitung. Die Bändigung von Angst in Kulthandlungen oder «Grossen Erzäh-lungen», von den Theomythien bis zur Theologie, ist vordringliche Aufgabe von Religionen, sofern man sie vom «Nutzen» für den Menschen her betrachtet. Davon noch nicht erfasst ist die Frage nach dem Göttlichen als «Sinn», der über «Nutzen» hinausgeht.

2. Religion: (un-) mögliche Definition

2.1 Positive Konnotationen

Vieldeutig, ja, geradezu verschwimmend lesen sich die Einschätzungen von Religion.

Positiv lässt sich – nach zeitgenössischen, auch religionslosen Autoren – fest-halten: Religion stiftet Bindung und Sozietät: ein gemeinsames Ethos.[2] Sie leistet eine systemische Sinnerschliessung von Welt und Mensch: also Kompensation für (sonst antwortlose) Endlichkeit und ihre Defizite.[3] Religion leitet zu metaem-pirischen Symbolen an: zur Kultur von Ästhetik, Sprache, Kunst, Ritualen. Sie eröffnet damit Zugang zu transzendierenden Fähigkeiten des Menschen: vor allem zu seiner Selbsttranszendenz.[4] Religion kann ihrerseits ideologiekritisch eingesetzt werden gegen totalitäre Systeme, auch gegen (natur-) wissenschaft-lichen Totalitarismus.[5] Viele Anstösse vor allem der jüdisch-christlichen Überlie-ferung sind zudem provokativ in das philosophische Denken eingegangen, auch als Kontrastbindung: Die zweitausendjährige Symbiose von Theologie- und Phi-losophiegeschichte kann nicht einfach ohne Verlust auf beiden Seiten aufgelöst werden.[6]

2   Vgl. Thomas LUCKMANN, *Die unsichtbare Religion*, Frankfurt a. M. 1967.
3   Vgl. Niklas LUHMANN, *Die Religion der Gesellschaft*, Frankfurt a. M. 2000.
4   Vgl. Gianni VATTIMO/Jacques DERRIDA (Hg.), *Die Religion*, Frankfurt a. M. 2001.
5   Vgl. Jürgen HABERMAS, *Zwischen Naturalismus und Religion*, Frankfurt a. M. 2005.
6   Vgl. Denis DE ROUGEMONT, *Der Anteil des Teufels*, Berlin 1999.

2.2 Negative Konnotationen

Negativ fällt ins Gewicht: Religion führt nach Meinung anderer Autoren zur Abhängigkeit von unausgewiesenen Behauptungen: zur Ausblendung von Wirklichkeitsbereichen und alternativen Sinnvorgaben. Sie leitet an zu einem prä- oder sogar antirationalen Welt- und Selbstverhalten: zur Anfälligkeit für Fanatismus. Trotz aller religiösen Gemeinsamkeiten gibt es keine Standards in Ethos und Weltdeutung: So droht die Gefahr der Exklusivität der «eigenen Gruppe» und ihrer Deutungshoheit. Religiöse «Korrelate» (Götter, Gott, Engel, Dämonen) bleiben stecken in nicht intersubjektiv nachprüfbaren Intuitionen. Religionen könnten sich demokratischen Prozessen verweigern aufgrund einer anderen Verpflichtetheit im Denken. Und entscheidend, schon seit Freud behauptet: Religion ist mit Angst verbündet.[7]

3. Angst als «Existenzial»: Philosophie angstbesetzter Endlichkeit

Die Frage nach dem Ursprung von Angst lässt sich mit einer anderen bekannten Frage verknüpfen: Worin liegt der Ursprung der Philosophie? Im Widerspruch zur geläufigen platonischen Antwort vom Staunen, *thaumazein*, formuliert der Stoiker Epiktet, der Ursprung der Philosophie liege im «Gewahrwerden der eigenen Schwäche und Ohnmacht». Karl Jaspers, Philosoph und Psychiater, erinnert mit diesem Satz Epiktets an die im Alltag überbrückten Verstörungen, die beschwichtigt *la condition humaine* heissen, aber plötzlich mit solchen Sätzen anspringen: «[...] ich muß sterben, ich muß leiden, ich muß kämpfen, ich bin dem Zufall unterworfen, ich verstricke mich unausweichlich in Schuld.»[8] Dahinter lauert die «Unzuverlässigkeit allen Weltseins [...] Auf Grenzsituationen aber reagieren wir entweder durch Verschleierung oder, wenn wir sie wirklich erfassen, durch Verzweiflung und durch Wiederherstellung: wir werden wir selbst in einer Verwandlung unseres Seinsbewußtseins.»[9]

«Mängelwesen Mensch» hiess die Analyse der *condition humaine* nüchtern bei Arnold Gehlen. Anders: Die Anthropologie trifft auf das eingewurzelte menschliche Leid am krummen Wuchs, wie Nietzsche es nennen würde, der einer der Verkünder des «prachtvollen Tieres» war. «Adler und Panther» stehen bei ihm als Vorbild des naiv-vitalen Menschen, und die Schwächlichen, Verletzten, dem Leben nicht Gewachsenen seien dessen Beleidigung. Die markigen Sätze solcher

---

7 Vgl. Sigmund FREUD, *Die Zukunft einer Illusion*, Wien 1927.
8 Karl JASPERS, *Einführung in die Philosophie*, in: DERS., *Was ist Philosophie? Ein Lesebuch*, München 1980, 41.
9 A. a. O. 40 f.

Lebensphilosophie rühren einen archetypischen Instinkt an, aber die Normalität lautet umgekehrt: Gebrochensein ist konstitutiv für alles Menschliche, nicht willensabhängig, sondern unvermeidlich. «Leidwesen Mensch» nennt Herbert Schriefers diese Grundbefindlichkeit unter streng naturwissenschaftlicher Betrachtung: Lebewesen, die stoffwechseln, müssen altern.[10] Anthropologisch meldet sich daher die ewige Frage: Warum ist menschliches Leben – wie alles Leben – so defizitär angelegt?

Damit umschrieben ist die Quelle von Angst: die Endlichkeit. Zusammen mit ihren Begleiterscheinungen Krankheit, Abhängigkeit, Alter durchsäuert Endlichkeit ein verletzbares Dasein. Diese Grundbedrohung ist erstmals von Kierkegaard – dem *homo religiosus* der Philosophie – in dem Werk «Der Begriff Angst» umfassend 1844 analysiert worden. «Was ist es, das mich bindet? Woraus war die Fessel gemacht, mit welcher der Fenris-Wolf gebunden ward? Sie war aus dem Lärm verfertigt, den die Pfoten der Katze machen, wenn sie auf der Erde geht, aus dem Bart von Frauen, aus den Wurzeln der Felsen, aus dem Gras des Bären, aus dem Atem der Fische und dem Speichel der Vögel. So bin auch ich gebunden von einer Fessel, die aus dunklen Einbildungen gemacht ist, aus ängstigenden Träumen, aus unruhigen Gedanken, aus bangen Ahnungen, aus ungeklärten Ängsten. Diese Fessel ist sehr geschmeidig, weich wie Seide, gibt auch der stärksten Anspannung nach und ist unzerreißbar.»[11]

Bei Heidegger wird Angst ein «Existenzial», ein unbedingt zur Existenz des Menschen gehöriges Moment, das konkret in Furcht übergeht. «Nur Seiendes, dem es in seinem Sein um es selbst geht, kann sich fürchten. Das Fürchten erschließt dieses Seiende in seiner Gefährdung, in der Überlassenheit an es selbst.»[12] Heidegger zeigt zugleich die Ausflucht auf, um die daseinsdurchwirkende Angst unsichtbar zu machen: durch die angebliche «Normalität» des Endlichen. «Die Vermeintlichkeit des Man, das volle und echte ‹Leben› zu nähren und zu führen, bringt eine Beruhigung in das Dasein, für die alles ‹in bester Ordnung› ist, und der alle Türen offen stehen. Das verfallende In-der-Welt-Sein ist sich selbst versuchend zugleich beruhigend. […] Wir nennen diese Bewegtheit des Daseins in seinem eigenen Sein den Absturz. Das Dasein stürzt aus ihm selbst in es selbst, in die Bodenlosigkeit und Nichtigkeit der uneigentlichen Alltäglichkeit. Dieser Sturz aber bleibt ihm durch die öffentliche Ausgelegtheit verborgen, so zwar, daß er ausgelegt wird als ‹Aufstieg› und ‹konkretes Leben›.»[13]

---

10 Vgl. Herbert Schriefers, *Leidwesen Mensch*, in: Volker Becker/Heinrich Schipperges (Hg.), *Krankheitsbegriff, Krankheitsforschung, Krankheitswesen*, Berlin 1995, 77–91.

11 Søren Kierkegaard, *Entweder – Oder*, Düsseldorf 1956, 37.

12 Martin Heidegger, *Sein und Zeit*, Halle 1927, 141.

13 A. a. O. 177 f.

Diese «öffentliche Ausgelegtheit» beruhigt sogar den Tod. «‹Der Tod› begegnet als bekanntes innerweltlich vorkommendes Ereignis. Als solches bleibt er in der für das alltäglich Begegnende charakteristischen Unauffälligkeit. Das Man hat für dieses Ereignis auch schon eine Auslegung gesichert. Die ausgesprochene oder auch meist verhaltene ‹flüchtige› Rede darüber will sagen: man stirbt am Ende auch einmal, aber zunächst bleibt man selbst unbetroffen [...] Das Man lässt den Mut zur Angst vor dem Tode nicht aufkommen.»[14]

Heidegger bringt demgegenüber die brutale Unmittelbarkeit, die apriorische Gegenwart des Todes in die Reflexion. Das gesamte Dasein wird zum Vorlaufen in den Tod, zum Sich-Voraus-Sein im Wissen um das künftige Ende. Philosophie wird Thanatologie; das Verwinden der Angst vor der Endlichkeit ist der ungesicherte Balanceakt des Daseins.

Gelassenes Einstimmen in das existenzdurchwirkende Enden ist auch Einstimmen in das «Nichts». Eben deswegen erweist sich der Grundgestus des Lebens als ein Verwinden und Sich-Abfinden mit dem Tod. Freilich muss dem Sein-zum-Tode neuer Sinn abgetrotzt werden, führt das bis an die Wurzel der Existenz reichende Todesbewusstsein doch zu einer Metamorphose des Bewusstseins überhaupt: Aus seiner Verfallenheit ins Alltäglich-Betriebsame findet es zu seiner Eigentlichkeit, jener Todesbestimmtheit, die es nicht abwehrend im Denken abdrängt, sondern vielmehr mittig ins Denken aufnimmt.

Das Lob der Vergänglichkeit, das Thomas Mann zeitgleich anstimmt, gehört bei allem Wohllaut in dieses hereinstehende Nichts: Vergänglichkeit «ist die Seele des Seins, ist das, was allem Leben Wert, Würde und Interesse verleiht, denn sie schafft Zeit. – Wo nicht Vergänglichkeit ist, nicht Anfang und Ende, Geburt und Tod, da ist keine Zeit – und Zeitlosigkeit ist das stehende Nichts [... Uns] ist gegeben, die Zeit zu heiligen [...] und mit ihrer Hilfe dem Vergänglichen das Unvergängliche abzuringen.»[15]

Abgesehen davon, dass es so zu einer ungeheuren Steigerung des Daseinsgefühls kommen kann, skizziert dieses Denken den immer schon verlorengegangenen Wettlauf mit der Zeit. Es skizziert aber auch den Willen, sich nicht (mehr) zu betrügen; Harmonisierungen sind unmöglich und unredlich. Das «Fragwürdige» darf nicht mehr verstellt werden; das Pathos dieser Generation spricht vom «Wahrhaftigen», auch beim «Zurandekommen» mit dem Tod. Ebenso ist eine Befriedung des Menschen in der Welt und an der Welt sowohl vorausgesetzt wie erstrebt. Der Keim eines Numinosen, tief Berührenden wird in der Welt selbst, dem Inbegriff der Endlichkeit, gesucht: Absolut gesetzte Endlichkeit trifft

14 A. a. O. 253 f.
15 Thomas MANN, *Reden und Aufsätze*, Gesammelte Werke X, ²1974, 323.

auf die innere Absolutheit des Menschen, nämlich die Unbedingtheit seines Entschlusses, den Tod als innerweltliches Ende anzunehmen. Tod trägt demnach seinen Sinn immer schon an sich, Welt wird als sinngesättigt behauptet. Denn aufgrund der Endlichkeit kämen sowohl Glück als auch Schmerz, Sinn als auch Sinnlosigkeit zur Steigerung. Aber auch da gilt: Angst wird nicht überwunden, nur «verwunden».[16]

Religiös wird es zu einer anderen Lesart kommen: Gerade die Fragen, die aus der Numinosität der Welt aufsteigen, rühren an ein «Über-Hinaus»: Wohin richtet sich die Erwartung von Sinn? Ist der Wunsch nach Erfülltheit tatsächlich umzubiegen in das Aushalten der Unerfülltheit – was dem Entsagen des Wunsches gleichkommt? Sinn meint Richtung auf zielhaftes Ankommen, nicht kreisende Selbstbezüglichkeit. Erschliesst und verhüllt sich – durch den Index des Todes – am Grunde des Daseins mehr als dieses Dasein?

4. Religion und Angst

4.1 Angst vor der Gewalt der Götter

Religionsgeschichte, der tiefe Brunnen der Vergangenheit, gibt noch andere Antworten frei. Tatsächlich zeigen sich Religion und Angst verschwistert, zeigen doch die archaischen Götter oder früher noch die apersonalen *numina*, die naturhaft bedrängenden Gewalten, eine Ballung unberechenbarer Macht.

«Gewalt» ist ein umfassendes und zweideutiges Wort; es enthält im Deutschen die ganze Spannbreite zwischen rechtmässiger und widerrechtlicher Gewalt.[17] In dieser umfassenden Bedeutung kennzeichnet es in den meisten polytheistischen Religionen die göttlich-ordnende Gewalt und gleichermassen die diabolisch-dämonische Zerstörung. In solch bedrohlicher Doppeldeutigkeit stehen weiterhin die Begriffe Herrschaft, Zwang, Macht. Sie klingen am Ende der europäischen Aufklärung vormodern, scheinen sie doch noch nicht durch Vernunft gezähmt, sondern als Ausdruck triebhafter, unkontrollierter Leidenschaft, als Potenzgehabe atavistischer Art, das bis zur rauschhaften Steigerung führt und sozial eingeschränkt werden muss. Das «vormoderne» Gewaltmonopol des Göttlichen rührt in der Tat an tiefgehende, das moderne Selbstbewusstsein bedrohende Zusammenhänge. In magischen und mythischen Kulturen gehören Gewalt und das Göttliche unzweifelhaft zusammen,[18] gerade auch in ihrem zer-

---

16 Vgl. Hans EBELING (Hg.), *Der Tod in der Moderne*, Meisenheim 1979.

17 «Gewalt» umfasst in Grimms Deutschem Wörterbuch 325 Spalten (Bd. 6, 4910–5234).

18 Vgl. Jörg DIERKEN, *Gott und Gewalt*. Ethisch-religiöse Aspekte eines zentralen Problems von Vergesellschaftung, in: Zeitschrift für Mission und Religion 83 (1999), 277–291.

störerisch-diabolischen Aspekt. «Furchtbar» sind die Götter der alten Religionen, schaudererregend, *tremendum et fascinosum* nach der berühmten Formulierung von Rudolf Otto[19]. «Die Götter haben das letzte Wort. Sie heben dich in die Höhe, wenn du auf der dunklen Erde liegst, sie werfen dich auf den Rücken, hast du erst einmal Fuss gefasst» (Archilochos, 7. Jahrhundert v. Chr.).[20]

Je «archaischer» die Gottheiten, desto weniger eindeutig gut sind sie; hier stimmten östliche und westliche Mythologien überein. Im Hinduismus verkörpert die «schwarze» Muttergöttin Kali den mythischen Doppelaspekt von Leben und Tod, indem sie nach der Befruchtung ihren Gatten tötet und, mit Totenschädeln behängt auf seinem Leichnam tanzend, seine Eingeweide, den Lebenssitz, einschlürft. «Du in Gestalt der Leere, im Gewand des Dunkels, wer bist du, Mutter, die allein du thronst im Schreine von Samadhi? Vom Lotos deiner furchtzerstreuenden Füße zückt der Liebe Blitz. Dein Geistgesicht strahlt auf, es schallt dein Lachen fürchterlich und gellend.»[21]

In der Dreiheit der männlichen Gottheiten Indiens, der *trimurti*, ist Shiva der Zertrümmerer der Welten, auch er im ewigen Umschwung der Äonen sowohl schaffend wie zerstörend tätig – beides wertungsfrei in sachlich-unerbittlichem Gleichmut. Die Souveränität der Gottheit tötet, ohne sich zu rechtfertigen, anders: sättigt sich am Lebendigen, das sie hervorbringt. Solche Gottheiten sind gestalthafte Umsetzungen der jahreszeitlichen Rhythmik von Werden und Vergehen, auch der menschlichen Rhythmik zwischen Geburt und Sterben. Ihre Gewalt ist *numinos*, unpersönlich-überwältigend und prozesshaft: Die göttliche und die dämonische Gewalt gehen ineinander über.[22] Tatsächlich löst die ungebändigte Natur Schauder aus und ist mit ihren Schrecken der Grund für die Vergöttlichung sinnlicher Gewalten. Nochmals Thomas Mann: «Ich achte denjenigen nicht hoch, der im Anblick der Elementarnatur sich nur der lyrischen Bewunderung ihrer ‹Großartigkeit› überlässt, ohne sich mit dem Bewusstsein ihrer gräßlich gleichgültigen Feindseligkeit zu durchdringen.»[23] Ein Ausdruck solcher vom Menschen nicht einzuordnenden, ja, nicht einmal ungestraft zu bewertenden Mächte sind die Theomachien, die grausamen Götterkämpfe inner-

19 Vgl. Rudolf Otto, *Das Heilige*. Über das Irrationale in der Idee des Göttlichen, Breslau 1917 u. ö.

20 Archilochos, *Werke*, hg. v. Max Treu, München 1959.

21 Shri Ramakrishna, *Ode an Kali*, in: Shri Ramakrishnas ewige Botschaft, übers. v. Frank Dispeker, Zürich 1955, 692.

22 Vgl. zur magischen und mythischen Religiosität: Hanna-Barbara Gerl-Falkovitz, *Frau – Männin – Menschin*. Zwischen Feminismus und Gender, Kevelaer 2009, Kap. 1.

23 Thomas Mann, *Meerfahrt mit «Don Quijote»*, in: ders., *Essays*, Bd. 1, Frankfurt a. M. 1977, 301.

halb der griechischen und nordischen Welt, worin sich die Götter im feindse-
ligen Zwist tödlich befehden und ihre Gewalt sich gegenseitig vernichtet.

Der Gewalt des Göttlichen antworten die Religionen mit Loskauf,
Beschwichtigung, Anerkennung, Bitte, Dank: im Grundgestus von Angst.
Angst greift nach Opfern; im vorgeschichtlichen Vollzug war es sogar vielfach
das Selbstopfer: die Selbstaufgabe vor dem Übergrossen. An seine Stelle tritt der
notwendig kostbare Ersatz: das Opfer anderer Menschen oder der Erstling von
Früchten, Tieren, Menschen oder ein materieller Teilersatz.

4.2 Todesangst

Eine Vielzahl weiblicher und männlicher *numina* sind der unheimlich-heim-
lichen Gegenwart des Todes zugeordnet. Besonders weibliche Gottheiten sind im
Blick auf die Todesangst ambivalent: einerseits für die Fruchtbarkeit zuständig,
in Mensch, Vieh, Pflanze, jahreszeitlichem Wachsen – andererseits für Verfall,
Sterben und Krieg.[24] Für diese Muttergottheiten gilt auch noch die Ungetrennt-
heit von Gut und Böse, Geben und Nehmen, Erhören und Strafen. Viele Märchen, Mythen, Kulte folgen der Spur der Grossen Dunklen Frau: Darin wird die
Macht des Tödlichen angebetet, jene Herrin-Mutter, deren Souveränität darin
besteht, dass sie autonom Leben und Tod abwägen kann. In ihrer Antlitzlosigkeit
meldet das unpersönliche und deswegen schauerliche Dunkel des Todes seinen
Anspruch an.

Das Bewusstsein dieser Ambivalenz ist notwendig, um nicht einer geschichts-
widrigen Romantik der Muttergöttin aus den Bedürfnissen einer späten Zeit
anheimzufallen.[25] Deutlich wird aber auch der Bannkreis des mütterlichen Kol-
lektivs in der geschichtlichen Entwicklung – gerade wegen seiner Macht – ein-
gegrenzt, wenn auch nie ganz ungültig. Je länger je mehr wird er sogar durch-
brochen, von Schuldgefühlen begleitet, was immer einen Rest alter Gültigkeit
verrät. Religionsgeschichtlich entspricht dem die langsame Verdrängung der
Mutter- durch die Vatergottheiten, die als Garanten gesetzgebender, staatsbilden-
der, ethischer Ordnung angesehen wurden.[26]

Im «weiblichen» Netz von Leben und Tod sind die vielfachen Rituale ange-
siedelt, die gerade die Mütter zu besorgen haben. Als Trägerin numinoser (=
naturhaft göttlicher) Fruchtbarkeit garantiert die Gebärerin in den alten Kul-

24 Edwin Oliver James, *The Ancient Gods*, London ²1967. Vgl. Johann Jakob Bachofen, *Mutter-
    recht und Urreligion*, Stuttgart ⁶1984, 135.
25 Vgl. Susanne Heine, *Wiederbelebung der Göttinnen?* Zur systematischen Kritik einer feminis-
    tischen Theologie, Göttingen/Zürich ²1987.
26 Vgl. Raffaele Pettazzoni, *Der allwissende Gott*, Frankfurt a. M. 1960.

turen das Leben der Sippe. So wirkt die Frau in der rituellen Erweckung der Fruchtbarkeit, auch indem sie tötet: Häufig wird ein Kind, etwa die Erstgeburt, geopfert, was heissen will: dem numinosen Kreislauf der «heiligen Naturkräfte» zurückgegeben. Erschreckend für das heutige Bewusstsein sind in der Regel gerade die Fruchtbarkeitsriten, sofern sie entweder Tier- und Menschenopfer oder auch Sexualverkehr anonymer Art einschliessen; dazu gehören etwa jahreszeitliche «heilige Hochzeiten», Tempelprostitution, Verehrung von Genitalien als Gottheiten.[27] Mit solchen Riten wurde die mütterlich-göttliche Fruchtbarkeit auf die Erde herabgerufen; das Göttliche war vielfach ausdrücklich sexuell besetzt und wurde im Geschlechtsakt verehrt.

4.3 Schicksalsangst

Das Zusammenspiel, aber auch der Kampf von Göttern und Göttinnen in den Theomythien spiegelt eine anthropologische Erfahrung. Was in Kampf und Bezogenheit von Mann und Frau aufscheint, kennt seine Analogie im «Himmel» oder in der «Unterwelt». Der Mythos kennt zunächst weder Unter- noch Überordnung, eben deswegen auch noch keine Wertigkeit der göttlichen Mächte, sondern bringt die notwendige Spannung des Daseins zwischen zwei Polen zu Wort. Schweigen und reden, hell und dunkel, aktiv und passiv sind zwar gegensätzliche, aber nicht trennbare Erfahrungen. Die Entscheidung nur zu einer Seite würde mythisch die Aktivierung der anderen Seite bedeuten: Ödipus, der seinem Schicksal entläuft, läuft geradewegs darauf zu.

Auch im göttlichen Bereich herrscht polare Ordnung: In der *Ilias* entscheidet das Schlachtenglück nicht nur zwischen Griechen und Trojanern, sondern ebenso zwischen verschiedenen göttlichen Parteiungen. Mehr noch, die Gleichgültigkeit der beiden Hälften ergänzt sich nicht nur im klassischen Rund des Pantheons. Sie kennt auch eine Unentschiedenheit der Werte, eine Auslieferung an alle Möglichkeiten. Gut und Böse, Leben und Tod, Zeus und Hera, aber auch Zeus und Pluto sind notwendig gleich stark, ein spannungsreiches Ganzes. Die griechischen Götter können lügen und betrügen, wie Hermes Götterbote *und* Lügner ist, anhand *derselben* Botschaft übrigens.

Selbst Eros kann schrecklich werden. Der Dichter Bion (Ende des 2. Jahrhunderts v. Chr.) spricht das Tödlich-Böse des Eros an, das die griechische Welt fürchtete: «‹Oh, sieh einmal! Welch schöner Vogel! / Sieh einmal! Oh fäng ich diesen Vogel doch!› / Der Alte sprach: ‹Ach fang ihn nicht, / Den bösen Vogel!

27 Im Hinduismus bilden Stupa das männliche und Lingam das weibliche Geschlechtsorgan als Konzentrat des Göttlichen nach.

fang ihn nicht! / Beglückt ist der, der ihn nicht fängt! / Er tötet jeden, der ihn fängt!» Oder Theokritos (um 270 v. Chr.) in *Amaryllis:*

«Jetzo kenn ich den Eros! Ein schrecklicher Gott! An der Löwin
Brüsten gesäugt; ihn erzog im wilden Gebirge die Mutter.
Ganz durchglüht er mich und verzehrt mir das Mark im Gebeine.»[28]

Ob die Gottheit den Menschen täuscht oder der Mensch die Götter – beides gehört zum Ganzen aus Wahrheit und Lüge, Schein und Sein, Ordnung und Chaos, aus dem die Welt unzweifelhaft besteht. Letztlich lässt sich nicht entscheiden, was stimmt: Was oben gilt, gilt unten, wie die orphische *Tabula smaragdina* (2. Jahrhundert n. Chr.) formuliert, aber auch: Was oben gilt, gilt unten nicht. Wieder treffen beide Sätze zu; ihre Auslegung ist übrigens im genannten Sinne gleich-gültig: Nie kann eine Absicht des Menschen «gegen den Ratschluss der Götter» das Schicksal herumwerfen. Die archaische Angst vor dem göttlichen Geschick verwandelt sich auch gedämpft zu Fatalität, Resignation, Apathie.

Spiegelbildlich löst sich jedoch auch unerwartet ein «Schicksalsknoten» durch unbewusstes Tun. Ein Mythos Indiens erzählt, ein Mann der unteren Kaste habe sich unwillentlich den Zorn einer Gottheit zugezogen, als er zum nächtlichen Schutz vor wilden Tieren auf einen Baum stieg, ohne die Gottheit des Baumes um Zutritt zu bitten. Beim Essen habe er aber, auf dem Baum kauernd, gleichfalls versehentlich seine Schale mit Reis ausgeschüttet, was die Gottheit huldvoll als Sühneopfer annahm. Eine befremdliche Geschichte, deren Grund jedoch un-heimlich ist: Die Welt ist besetzt von älteren Mächten, deren Einfluss erst zu besänftigen ist, bevor der Mensch seinen Platz einnehmen kann. Wie dieser Einfluss aber wirksam zu besänftigen ist, bleibt häufig offen.

4.4   Angst vor «unschuldiger Schuld»

Überraschend gehen viele religiöse Mythen von einer vorwillentlichen «Zielverfehlung» (*hamartia*) des menschlichen Daseins aus. Eine vorpersonale, vorverantwortliche Unvollkommenheit scheint von Anfang an gegeben; hierin wurzelt die Rede von der Erbsünde. Schopenhauer sprach von der «schweren Verschuldung des Menschengeschlechts durch sein Daseyn selbst»[29], die gleichermassen in Christentum, Brahmanismus und Buddhismus anzutreffen sei. Ein berühmter Beleg aus der Vorsokratik, *Fragment 110* von Anaximander, thematisiert solche Schuld sogar auf der Ebene der Dinge: «Die Dinge strafen und vergelten einan-

---

28 Beide Gedichte in: *Lyrik des Abendlands.* Gedichte aller abendländischen Völker von den Homerischen Hymnen bis zu Lorca und Brecht, ausgew. v. Georg BRITTING, München 1978, 73.64.

29 Arthur SCHOPENHAUER, *Die Welt als Wille und Vorstellung*, 1936 u. ö. II, 4, 48.

der gegenseitig ihr Unrecht nach der Ordnung der Zeit.»[30] Dieser eigentümliche Spruch deutet Schuld als seinshaft durch Dasein selbst. Denn das Entstehen und Sich-Gestalten aller Dinge nimmt Raum ein, der anderes verdrängt, ja, von anderem zehrt, es vielleicht löscht, um selbst zu sein: Was im Schoss der Natur lebt, ist nur auf Kosten eines anderen entstanden.

Sünde könnte als «Sonderung» vom Ganzen gelesen werden, zugunsten von Selbstbehauptung und Eigensein anstelle von Zugehörigkeit. So sind die Dinge durch Dasein schuldig, *weil* gesondert; doch hebt nach Anaximander die «Ordnung der Zeit» die Sonderung auf, indem sie die Dinge ins Vergehen und Vergessensein zurückzwingt.

Vor diesem Hintergrund sind die indischen Zirkulartheorien zu lesen: Dasein müsse so lange kreisen, bis es diese Sonderung durch bestimmte Techniken aufhebe, durch Verlöschen, Auswurzeln, Nichten. Im griechischen Denken entspringt demselben Zusammenhang eine «tragische Schuld», die als Verhängnis, *anankia*, auftrete: Im Netz solchen Schicksals hängen nicht nur die Menschen schuldhaft, sondern ebenso die Götter. Ödipus ist nur die bekannteste Ausformung dieser grundsätzlichen Unfreiheit, die unwillentlich in das Verbrechen hineinfallen muss, obwohl er sogar entschieden davor ausweicht.

Was dem modernen Unschulds-Bewusstsein wohl am weitesten entfernt liegt, ist das eigentümliche Verstricktsein auch auf der Ebene von Pflanze und Tier in «Schuld»: Auch hier wütet Leben gegen Leben, stürzt Leben auf eigenen und fremden Tod zu. Saturn selbst, älter und machtvoller noch als Zeus, ist der Gott der unendlich kreisenden Zeit: Er frisst seine Kinder nach der Zeugung – Anfangen wird vom Enden verschlungen, Innovationen laufen ins Leere. Zeit wird ein unendliches *quantum* – übersetzbar ins Sinnlose, Richtungslose und Schulddurchwobene.

Gier und Angst, Schuld und Dasein sind in ihrer Tiefenschicht unauflöslich ineinander verworren. Das enge sachliche Band zwischen Schuld und Religion, die den Gestus der rituellen Entschuldung übt, ist nicht einfach religionskritisch aufzulösen, als genüge die aufklärerische Löschung von Religion, um ihr Pendant, die Schuld, zum Verschwinden zu bringen. Da Schuld keine Erfindung dekadenter Moral, sondern eine (vorbewusst bleibende) Zuständlichkeit ist, kommt es bei einem oberflächlichen Tilgen von Schuld zu ihrem «Mäandern»: zum Wechsel ihrer Erscheinungsformen, zu Verkleidungen monströser Art. In Kafkas «Der Prozess» erfährt der Angeklagte Josef K. nie den *Anlass* seiner Anklage; die *Ursache* aber steht fest: Er ist schlechthin schuldig.

30 Vgl. Martin HEIDEGGER, *Der Spruch des Anaximander* (1946), in: DERS., *Holzwege*, Frankfurt a. M. 51972, 296–343.

Solche «ontische» Schuld ist zwar im aufgeklärten Bewusstsein weithin verlorengegangen, damit aber nicht aus der Unordnung der Welt verschwunden. «Erbsünde» wird mehr oder minder in den unterschiedlichsten Kulturen und Religionen reflektiert. Dasein wird nicht als in sich stimmig gelesen, sondern als von einer tiefen Verstörung tangiert, die sich in der Suche nach (ritueller) religiöser Entschuldung niederschlägt. Religionen lassen sich definieren als kollektive Versuche solcher Entschuldung, die freilich höchst unterschiedlich ausfällt. Schon die Etymologie des «Heiligen» verweist auf das Heilen oder «Gänzlichen» von etwas Zersprungenem oder Zerbrochenen.

5. Aufhebung der Angst ins Vertrauen

Dem Heiligen vertrauen können muss heissen, dass es vor dem Existenzial Angst Bestand hat und Stand verleiht. Das bedeutet eine Entwicklung im religiösen Bewusstsein – und zwar durch die Offenbarung, also durch etwas, das nicht allein in der *condition humaine* verankert ist. Daher meint Offenbarung mehr und auch anderes als Religion.

Zum Wortfeld von Vertrauen gehört «sich trauen», sich der Wirklichkeit gegenüber vorwagen. Es ist also ein Unwägbares im Trauen, Anvertrauen, und doch: Vertrauen ist ein schöpferischer Akt, es setzt das in Kraft, worauf man vertraut: Liebe, Verlässlichkeit, Hilfe. Mehr noch als die Hoffnung ist es wirklichkeitsstiftend, performativ.

Folgt man der Etymologie von Vertrauen, so steckt in der Vorsilbe ver- ein «Über-Hinaus»: Trauen als ein Sich-Hinauswerfen, ein Hinüberwerfen. Wohin? Auf einen anderen zu, und zwar nicht eigentlich abgesichert, sondern im Wagnis. Und doch wird das Wagnis vollzogen, denn es baut auf sicheren Boden: Trauen selbst macht den Boden sicher.

Die Etymologie enthält auch den Wortstamm «treu». Im Englischen hat das Wort *true* den Sinn von wahr. Dasselbe im Hebräischen: In Gott wird Treue als Wahrheit, *emeth*, sichtbar. Wahrheit ist damit erstrangig keine Wahrheit der Dinge (ontologisch), auch keine Satzwahrheit oder eine Übereinstimmung zwischen Wort und Sache, sondern ein Verhältnis zwischen Personen. *Das Vertrauen traut der Treue des anderen.*

Vertrauen ist die Urgebärde des Kindes, das ganz aus Beziehung lebt und leben muss. Vertrauen ist ferner die Daseinsform der Liebenden, die sich entsprechend trauen (im Doppelsinn). In abgeschwächter Form ist es Grundlage allen Zusammenlebens, der Verträge, der Abmachungen, der Versprechen: Grundlage für *Sozialität*, die weithin auf «Treu und Glauben» beruht.

Noch tiefer betrachtet ist *Leben* selbst vertrauen: Sowie es entsteht, «vertraut» es darauf, leben zu können, wachsen zu dürfen, und das meint immer, aufgrund der Zuwendung anderer oder aufgrund bestimmter «Materialien» zu gedeihen, und seien es nur Sonne, Erde, Wasser, Luft. Um zu wachsen, bedarf es des Anderen, und ungefragt gibt dieses Andere und nimmt sich das Wachsende, was es braucht. Bis Vertrauen beim Menschen wirklich gefühlsmässig entwickelt und empfunden wird, hat dieses Verhältnis schon längst getragen, hat schon längst zum «Urvertrauen» vor aller Reflexivität geführt.

5.1   Der eine Gott und die Zusage des Bundes

«Hoffnung ist das Vertrauen auf Gottes Vollendungsmacht.»[31] Ein solcher Satz spiegelt eine geistige Entdeckung wider. Israel, nicht Griechenland, war das Volk, das die Ausformulierung nicht eines blinden, sondern sehenden, erprobten, durch Feuer und Wasser gegangenen Vertrauens gegen die Angst vollzogen hat. Das verrät schon – bei der sonstigen Wortarmut des Hebräischen – die Vielzahl von Wörtern für diesen Bereich. Die griechische Septuaginta setzt *elpizein* (hoffen) meist für hebräisch *batah (vertrauen, Zuversicht haben),* aber auch für *hasah* (sich bergen, Zuflucht suchen), *jahal* (warten, harren, sich sehnen) und *sabar* (spähen, hoffen, vertrauen); seltener für *kawah* (harren auf).

Zu dieser Angstüberwindung gehört zweierlei. Einerseits und sofort ins Auge fallend ist es notwendig, sich auf den wirklichen, also wirksamen Anziehungspunkt auszuspannen: «Die Fülle der Hoffnung gilt es aber bis zum Ziel zu entfalten.» (Hebr 6,11) Welches ist dieses Ziel, und weshalb ist es nicht utopisch? Weil dazu, andererseits, bereits ein sicherer Ort des Ausgangs gefunden ist.

Erst im Monotheismus des Judentums werden die dem Polytheismus innewohnenden Zweideutigkeiten geklärt und in einem einzigen «Allgewaltigen» gebündelt. An erster Stelle dieser Klärung ist zu nennen die langsame, sich gegen den eigenen Widerstand ausprägende Fassung des Gottesgedankens: Gott ist nur Einer, jenseits der Naturmächte: «Herr, unter den Göttern ist keiner wie Du» (Ps 86,8). Er ist überhaupt nicht in den Tempeln dieser Welt enthalten, nicht mit ihnen zerstörbar, wie die sonstigen Bildwerke aus Lehm und Gold – ja, es gibt, um ihn nicht mit dem Sinnfälligen zu verwechseln, kein Bildwerk von ihm (allerdings mit der bezeichnenden Ausnahme jenes Abbildes, das der Mensch seit Schöpfungsbeginn selbst ist). Damit löst sich das Judentum aus dem animistisch-magischen Kult der Mutter-Göttinnen, der väterlichen Zeugungspotenzen

---

31   Romano Guardini, *Der Rosenkranz Unserer Lieben Frau,* Würzburg ²1949, 51.

und der Dämonen, also aus dem zwiespältigen, jederzeit möglichen Umschlag von heller in dunkle Gewalt. «Gott steht auf in der Versammlung der Götter, im Kreis der Götter hält er Gericht. ‹Wie lange noch wollt ihr ungerecht richten und die Frevler begünstigen? Verschafft Recht den Unterdrückten und Waisen, verhelft den Gebeugten und Bedürftigen zum Recht! Befreit die Geringen und Armen, entreisst sie der Hand der Frevler!»› (Ps 82,1–4)

So wird die göttliche Gewalt nunmehr eindeutig hilfreich gegen die Ungerechtigkeit der «Götter». Genauer: Die Gewalt des Einen, der keinen gleichrangigen Widersacher mehr kennt und zulässt, wird im Judentum vertieft erfasst als Gerechtigkeit, und zwar für alle, nicht mehr nur für ein einziges Volk. Mehr noch: Sie wird vertieft zur eifersüchtig fordernden Liebe und zur Barmherzigkeit, die Gott gegenüber allen Bedrängten hegt – und das bedeutet Entmachtung des Partikularen.

Im Wesentlichen ist festzuhalten: In drei Offenbarungsstufen wird Mose mit dem bis dahin Undenkbaren vertraut gemacht. Die erste Offenbarung ist der namenlose Name Gottes im Dornbusch-Erlebnis; die zweite die Bundes-Erfahrung am Sinai; die dritte der Dekalog selbst. Immer zeigt sich darin eine Transzendenz, die die gewohnten Lebensräume sprengt: nicht indem sie die Mächte und Gewalten der bisherigen Ordnung verdrängt, sondern indem diese vor dem Neuen ins Wesenlose verbleichen. Insgesamt lassen sich alle drei Erfahrungen in ihrer Konsequenz unter der griffigen Metapher «Auszug Israels aus dem Scheol Ägyptens» zusammenfassen.

Dazu tritt etwas entscheidend Neues: Tatsächlich kommt schon das Alte Testament unter der langen Glaubenserfahrung göttlicher Führung und Züchtigung zu einem Liebesgebot, was den Umgang mit Feinden angeht: «Hat dein Feind Hunger, gib ihm zu essen, hat er Durst, gib ihm zu trinken; so sammelst du glühende Kohlen auf sein Haupt und der Herr wird es dir vergelten.» (Spr 25,21 f.)

Diese Entwicklung grenzt «den anderen» in der Tendenz nicht mehr aus, sondern versteht ihn grundsätzlich als Geschöpf desselben Vaters. Israel kennt zweifellos noch eine ausgeprägte Sippen- oder Wir-Ethik, setzt aber in bemerkenswerten Anläufen auch zu deren Überwindung an. Die Elemente einer allgemein verstandenen Menschlichkeit lauten konzentriert: aller Menschen Ebenbildlichkeit mit Gott, die «Ebengeburt» von Mann und Frau, die Gleichheit beider in der Fruchtbarkeit und im Gestaltungsauftrag gegenüber der Erde, die Freiheit von der bisherigen Welt der Dämonen, der Gleichmut gegenüber Rang und Besitz und die ethische Verpflichtung des Reichen gegenüber dem Armen, sogar in Ansätzen der Begriff einer nicht mehr nur auf Stamm und Sippe eingegrenzten Ethik.

Weiterhin: Das antike Judentum verbot ausdrücklich jede Art von Menschenopfer, etwa die Kinderopfer für den heidnischen Götzen Moloch, und liess nur noch Tier- und Feldfruchtopfer zu. Wiederum angeleitet von den Propheten wird jedoch gegen die Tempelopfer von Tieren vorrangig die geistige Hingabe eingefordert; sie kann bis zum Geopfertwerden und Sichopfernlassen reichen, wie es der leidende Gottesknecht bei Jesaja vorzeichnet.

Hat die Überlieferung des Einen Gottes die göttliche Gewalt und damit die Angst «entschärft»? Odo Marquard hat schon in den 1980er Jahren den Monotheismus von Judentum, Christentum und Islam als unterschwellige oder offene Gewaltbereitschaft auszumachen geglaubt, dem nur mit einem neuen Polytheismus gegenzusteuern wäre. «In diesem Sinne ist selbst der Einfall suspekt: es lebe der Vielfall.»[32] Solche Angriffe haben sich mittlerweile verstärkt.[33] Freilich hat Erik Peterson schon 1935 vor der Folie des Dritten Reiches gezeigt, dass gerade der christliche Glaube an die Dreieinigkeit Gottes keinen fundamentalistischen Ansatz für Politik biete, im Gegenteil: Er sei Garant für den grundsätzlichen Bruch mit jeder «politischen Theologie» und erlaube ein Denken «jenseits von Monotheismus und Polytheismus».[34]

In der Tat ist es kurzschlüssig, den Monotheismus – wie neuerdings immer wieder behauptet – zur Ursache religiöser Gewaltbereitschaft zu erklären; zumindest ist es argumentativ logischer, den währenden Unfrieden der polytheistischen Götterwelt und die – bis in Abbildungen hinein[35] – sichtbare Rohheit der Götterkämpfe als Quelle religiös begründeter Gewalt anzunehmen. Dagegen wird die Macht des einen Allmächtigen gerade durch seine Eigenschaften der Gerechtigkeit und Barmherzigkeit nicht ins Masslose gesteigert, es sei denn, man betone damit die Steigerung der Wirklichkeit des Göttlich-Guten, das Unwiderstehliche seines gerechten Gerichts.

32 Odo Marquard, *Lob des Polytheismus*. Über Monomythie und Polymythie, in: DERS., *Abschied vom Prinzipiellen*. Philosophische Studien, Stuttgart 1981, 91–116, 110.

33 Thomas Assheuer, *Macht euch die Erde untertan*. Nach dem Streit um Walser: Warum Schriftsteller die monotheistischen Religionen für die Sinnkrise verantwortlich machen, in: Die Zeit Nr. 30, 18.7.2002, 33. Besprochen wurden Handke, *Der Bildverlust*, und Houllebecq, *Plattform*.

34 Erik Peterson, *Der Monotheismus als politisches Problem* (1935), in: DERS., *Theologische Traktate*. Ausgewählte Schriften Bd. 1, Würzburg 1994, 23–81, 24.59.

35 Auf dem Pergamonaltar in Berlin tritt eine Göttin einem stürzenden Feindgott mitten ins Gesicht.

5.2 Gewalt- und Angstüberwindung im NT

Die Gedanken des AT fortsetzend vollzieht das Neue Testament gegenüber den mythischen Gottheiten der Vorzeit eine Klärung: «Gott ist Licht, und keine Finsternis ist in ihm» (1 Joh 1,5). Die Gewalt Gottes, nunmehr eindeutig lichthaft, bedeutet nicht, Stärke oder Unzugänglichkeit einzubüssen – solche Gutheit ist gerade nicht «zahnlos»; sie kann durchaus als einschneidend erfahren werden, allerdings im Sinne einer heilsamen, über irdische Ziele hinaus gerichteten Verweigerung. Die entscheidende mentale Wende von dem, der selbst Gewalt ausübt, zu dem, der sich ihr freiwillig unterwirft, ist eine christliche Wende. Sie wird im Christentum sogar zur kultischen Mitte der *memoria passionis*. Dabei wird das Opfer verändert, nämlich als «ein für alle Mal» vollzogen gedacht und daher nicht mehr gesellschaftlich ritualisiert. Seit das Uropfer, das eine «Lamm», starb, wird seine Tötung nicht wiederholt, sondern in Eucharistie/Abendmahl *unblutig* gegenwärtig gesetzt (*repraesentatio*).

Auch verbietet das Christentum religiös begründeten Selbstmord als Selbstopfer, ja, aus guten Gründen sogar das Drängen zum Martyrium[36] – es leitet vielmehr grundsätzlich zur seelischen Hingabe an, verstanden als gewaltfreie *imitatio Christi*. Die alttestamentlichen Anstösse sind im Evangelium – in der Theorie, gewiss nicht durchgängig in der Praxis – zur Fülle entfaltet: Auch der Feind ist im Liebesgebot enthalten. Den Kampfbegriff gibt es nur gegen die Sünde, gegen eigene und strukturelle Bosheit. Zwar gehört Gewalt zu diesem Äon, zeigt aber gerade darin dessen verdorbene Gestalt. Das Reich Gottes wird demgegenüber ohne Gewalt errichtet, ja, seine erwählten Propheten, am Ende sogar der Sohn selbst, liefern sich dieser Gewalt ohne Gegenwehr aus. Allerdings gibt es rechtmässige Mittel der Verteidigung, vor allem im Blick auf den schutzbedürftigen Nächsten, aber Gewalt zum Zweck religiöser und anderer Selbstbehauptung ist verwerflich (Röm 12,17 ff.; 1 Petr 2,19 ff.).

Die Bergpredigt Jesu verdichtet entscheidende Elemente einer neuen Anthropologie in das Bild gleich geliebter Kinder eines einzigen Vaters. Insbesondere entspringt darin das Konzept einer neuen Menschlichkeit gegen die triebhaftnatürliche Selbstbehauptung sowohl der Wir-Gruppe wie des Egoismus von Individuen. Die Forderung der Bergpredigt ist nichts Geringeres als die «Vollkommenheit des himmlischen Vaters» zu leben. Als entscheidendes Novum kann dabei gelten, dass der Appell an das *forum internum*, an die nicht von aussen justitiable Gewissensentscheidung des Einzelnen, zu einer bisher unbekannten *Individualethik* führte. Grundlage der Ethik ist nach wie vor zwar die Tora in der

---

36 Artikel «Martyrium», LAC.

Gestalt einer *Unterlassens-Ethik* («nicht schaden»); sie wird aber in den Antithesen der Bergpredigt radikalisiert zu einer *Tun-Ethik*, die den Einzelnen zu einem *optimum virtutis* aufruft: das Äusserste zu tun.

Zu diesem Äussersten gehört nicht einfach das Untersagen von Gewalt, sondern die Erkenntnis der Wurzeln der Gewalt: in der eigenen Seele, oder hebräisch formuliert: «im Herzen». Daher rühren die scharfen Antithesen, die nicht einfach einen vollzogenen Mord verwerfen, sondern von seiner inneren, scheinbar harmlosen, weil «nur gedanklichen» Vorbereitung ausgehen: «Wer seinem Bruder nur zürnt, wird dem Gericht verfallen sein.» (Mt 5,22) Was übertrieben scheint, nämlich den Ehebruch bereits mit dem «lüsternen Ansehen» beginnen zu lassen (Mt 5,28), ist freilich im Lichte der Psychologie und der unbewussten «Formatierungen» völlig plausibel. Auch die ungeheure Forderung nach Verzicht auf Rache, ja, nach dem Hinhalten der anderen Wange (Mt 5,39) verliert ihre scheinbare «Unmännlichkeit», wenn man die unkontrollierbare Dynamik von Vergeltung erwägt. Allerdings ist Gewaltverzicht nur für den Betroffenen und seine Selbstrücknahme gefordert: Nicht davon gedeckt ist Tatenlosigkeit im Blick auf andere Opfer oder Leichtsinn im Blick auf mögliche Prävention. Zugleich verbietet sich eine rasche Verurteilung, ja, sogar eine Beurteilung des anderen, wiederum in Bezug auf sich selbst: Siebenmal siebzigmal ist ihm zu verzeihen, um im eigenen «Herzen» die Überheblichkeit der Selbsteinschätzung zu unterbinden.

In all dem wird das einzelne *Subjekt* zum Adressaten und Träger aktiven, selbstverantworteten Handelns. Zugleich kommt es in der *objektiven* Zielstellung religionsgeschichtlich erstmals zu einer *Universalethik*, weil ihr Geltungsbereich nicht wie bisher auf die Sippe oder Glaubensgemeinschaft eingeschränkt bleibt, sondern auf jedes Gegenüber zielt.

Damit wird der Begriff des Menschen erstmals individuell konstituiert, so dass man gleichfalls, von einem anderen Blickwinkel aus, von der erwähnten *Individualethik* sprechen kann. «Der Mensch soll nach der Lehre des Christentums in Gott aufgehen nicht durch ein pantheistisches Verschwinden, nicht durch eine Auswischung aller individuellen Züge in dem göttlichen Ozean, sondern durch eine potenzierte Bewusstheit, ‹der Mensch soll Rechenschaft ablegen für jedes ungehörige Wort, das er geredet hat›»[37].

---

37 Søren KIERKEGAARD, *Resultat oder Wahrheit*. Gedanken über das Christentum (1838), übertr. v. Theodor Haecker, in: Prisma 15 (1948), 26.

5.3 Angstfreie Gestaltung von Geschichte

Paulus, der grösste Theologe und Theoretiker der frühen Kirche, formulierte die Aussagen der Bergpredigt zu revolutionären Konsequenzen weiter. Dabei entstanden Thesen, die die griechische Antike mit Ausnahme einiger Ansätze in der Stoa nicht gedacht hatte: vom Wegfall der Unterschiede zwischen Nationen, sozialen Schichten, selbst den Geschlechtern: «Hier ist nicht Jude, nicht Grieche, nicht Sklave, nicht Freier, nicht Mann, nicht Frau – alle seid Ihr Einer in Christus.» (Gal 3,28) Damit riss die christliche Theorie einen ältesten einschränkenden Horizont weg vor neuen Ufern: den Horizont von Hierarchie und Knechtschaft zwischen den Mitgliedern einer Familie, eines Stammes, eines Volkes, ja, einer Kultgemeinde. Vor Gott, kraft seiner sind die Menschen gleich und frei untereinander, ja, ihm selbst über das Ebenbild gleich, durch ihn selbst frei – Abbilder der höchsten Souveränität, weder Sklave noch Sklavenhalter, weder Hund noch Herr, ja, auch dem Geschlecht nicht unterworfen.

Statt der Angst vor dem Schicksal wird damit Freiheit zur Eigengestaltung der Geschichte denkbar: Der Mensch wird im Sinne von Personalität und Selbstsein entworfen. So kommt es zur Ausbildung eines Subjekts, mehr noch zu einer Gemeinschaft von freien und gleichen Subjekten (was unterschieden ist von Clan und Sippe). Anders als in mythischen Religionen wird nicht mehr unentrinnbares Geschick erlitten, sondern Geschichte gestaltet. Im Laufe der Entwicklung kommt es zum Ausbau eines inklusiven Rechts, das alle einbegreift, nicht bestimmte Gruppen exklusiv bedient. Spätestens seit der Aufklärung, die trotz ihrer teilweise atheistischen Züge dem Grundmuster des Christentums entspringt, setzen sich emanzipatorische Bewegungen durch im Namen allgemein gültiger Menschlichkeit[38]; sie führen zur Abschaffung von Menschenopfern, von Sklaverei, von weiblicher Nachordnung, sogar zur Abschaffung von «Klassen». Selbst der Feminismus, der dem Christentum (wie den meisten anderen Religionen) Patriarchalismus, wenigstens Züge desselben vorrechnet, verdankt sich ohne Zweifel eben den Anstössen dieser Überlieferung; im ausserchristlichen Raum gibt es ihn nur als Import.

Diese Innovation der Anthropologie hängt notwendig mit der sich immer weiter vertiefenden Deutung der Gestalt Jesu zusammen, vor allem mit der nizänischen Dogmatisierung seiner Gott-Menschlichkeit (325). Durch die Inkarnation beginnt eine Anthropozentrik, in der auch der Mensch zum Angelpunkt wird: *homo cardo.* Dieses Denken *aus dem irreversiblen Ereignis* verbietet das pure mythische Kreisen, damit auch das anonyme Geschick des Schicksals und setzt

---

38 Im Sinn universaler Rechte.

vielmehr ein dramatisches Verständnis von Geschichte, d. h. ein reales Mitwirken des Menschen an ihrem Verlauf, frei.

Aber es kommt nicht nur zu einem Verständnis aktiver Geschichte, sondern zur Konzeption der «gespannten Zeit», denn der Eckstein, den die Bauleute verworfen haben (1 Kor 4,13), legt nicht allein das Ende des Gesetzes offen, sondern leitet selbst ein neues Gesetz aufgrund eines neuen Zeitverständnisses ein. Diese Konzeption arbeitet Giorgio Agamben (*1942) in einem philologisch genauen und mitreissenden Kommentar zum Römerbrief aus.[39] Die Aussparung zwischen Jesu Tod und seiner Wiederkehr wird messianisch gespannte Zeit, in der die Herrschaft dieser Welt nach aussen hin zwar steht, für die Zukunft aber schon gefallen ist. Agamben liest Paulus als den ersten grossen Theoretiker der unterhöhlten Zeit. Denn die verbleibende Zeit führt zu einem «als ob nicht», «Die Zeit ist kurz. Daher soll, wer eine Frau hat, sich in Zukunft so verhalten, als habe er keine, wer weint, als weine er nicht, wer sich freut, als freue er sich nicht, wer kauft, als würde er nicht Eigentümer, wer sich die Welt zunutze macht, als nutze er sie nicht; denn die Gestalt dieser Welt vergeht.» (1 Kor 7,29–31)

Die Herrschaft dieser Welt drückt sich in privatem Recht und Recht auf Privates aus, aber diese Privatheit wankt bereits. Paulus führt nach Agamben die Dynamik der messianischen Erwartung bis zu einer Enteignung fort: Anstelle von Eigentum (als Identitätsanzeige), von Einwurzelung ins Faktische unterläuft das Warten auf den Messias allen Besitz, alles «Anhaften». Denn: Auch juristisch-faktisches Eigentum soll in der Form des «als ob nicht» gelebt werden. Das bedeutet den Widerruf des «als ob» Vaihingers[40] – des Vorschützens von Nicht-Vorhandenem. Bei Paulus aber, in der Exegese der Gestalt Jesu, werde «als ob nicht» zur Signatur jenes Rufes, griechisch *klésis*, der von dem Verworfenen ausgeht und die Transzendierung des nur Faktischen einleitet. Die messianische Zeit zwischen «Jetzt» und «Vollendung» wird mit ihrem «als ob nicht» zur Rettung der Ausgeschlossenen (1 Kor 1,27 ff.) vom Terror der Macht. Als grössere Freiheit erscheint das Ereignis einer Gerechtigkeit über allen Gesetzen. Damaskus wird so zum Urort einer unvordenklichen Erfahrung über alles Fixiertsein im Gesetz hinaus.

In Agambens Lesart wird der Impuls des Christentums als Umsturz im *Säkularen* beschrieben – aufgrund einer *transmundanen* Kraft. Sie lässt sich nicht mehr als Flucht in ein leeres Jenseits verhöhnen. Die «Hinterweltler», in Nietzsches *Zarathustra* noch ein ganz anders verstandener Auswurf der Vernunft,

---

39 Giorgio AGAMBEN, *Die Zeit, die bleibt.* Kommentar zum Römerbrief, Frankfurt a. M. 2002.
40 Hans VAIHINGER, *Die Philosophie des Als Ob.* System der theoretischen, praktischen und religiösen Fiktionen der Menschheit auf Grund eines idealistischen Positivismus, Berlin 1911.

halten in Agambens Deutung den drohenden Totalitarismus und Elitarismus ihrerseits bedroht durch subversive Überwindung. In der *Struktur* der Negation faktischer Macht, gesetzlich geschützten Terrors setzt das paulinische Christentum eine wirksame Sprengkraft gegen die Angst frei.

Es ist wohl kein Zufall, dass in den letzten Jahren mehrere philosophische Reformulierungen von Paulus stattfanden. Er, der Jesus nicht als geschichtliche Person gekannt hatte, scheint als eine aus vollständiger Erschütterung kommende Existenz jenes Unerklärliche vorzustellen, das der postsäkularen und mehr noch postmodernen «Mehrfach-Identität» die starke Subjektivität des voraussetzungslos Neuen und des für immer zerbrochenen Alten vorlebt.

5.4 Todlosigkeit

Überwindung der Angst muss den Tod überwinden, die Furcht vor der Vergänglichkeit allen Fleisches. Nur das Christentum konnte Sätze formulieren im Unterschied zum Resonanzboden der philosophischen Antike, in denen das Fleisch zum Angelpunkt wird: *caro*, anders: *carne carnem liberans:* «Er befreit das Fleisch durch das Fleisch.»[41]

Dem Verständnis des Christentums nach inkarniert Gott nicht einfach als Es-Macht, als magische Mächtigkeit, als mythische Dynamik, sondern in einem menschlichen Antlitz. *Abstieg* und *Inkognito* kennzeichnen dieses Antlitz: «Allmacht und Ohnmacht, Göttlichkeit und Kindheit bilden ein scharf umrissenes Epigramm […] Christus wurde nicht nur auf dem Niveau der Welt geboren, sondern auf einem tieferen Niveau als die Welt», denn in der Geburtshöhle, so die zupackende Pointe Chestertons, «lag der Himmel unter der Erde.»[42]

Und eben in diesem Fleisch vollzog sich etwas Unerhörtes, streckt sich nach konsequenter Entfaltung des Verbürgten: Wir haben durch die Auferstehung Jesu Christi von den Toten eine lebendige Hoffnung (vgl. 1 Petr 1,3b) – nämlich auf das eigene Auferstehen aus dem Tod.

Betrachten wir diese Herausforderung zunächst mit dem Alten Testament: Aus der geschehenen Befreiung, dem Urdatum Israels im Exodus, erhebt sich jenes klare Nicht-Zuschanden-Werden, das sich bewegend durch die Texte zieht. «Dir haben unsre Väter vertraut; sie haben vertraut und du hast sie gerettet.» (Ps 22,5) Die Treue Gottes ist in Ägypten grundlegend, ein für alle Mal, erfahren worden – nichts überraschender und dabei gewisser als das. Daraus erwächst

---

41 Caecilius Sedulius († ca. 450), *A solis ortus cardine*, in: Andreas Schwerd (Hg.), *Hymnen und Sequenzen*, München 1954, 38.

42 Gilbert Keith Chesterton, *Der unsterbliche Mensch*, Bremen 1930, 228.231.

wieder Treue, und zwar in einem immer unvorstellbar wundervollen Handeln Gottes, der allen Geschöpfen ewig die Treue hält (vgl. Ps 146,6). Dies wird von den Dichtern, Propheten und Theologen Israels unter vielerlei Blickwinkeln, in grosser sprachlicher Kraft intoniert: «Die aber, die dem Herrn vertrauen, schöpfen neue Kraft; sie bekommen Flügel wie Adler. Sie laufen und werden nicht müde, sie gehen und werden nicht matt.» (Jes 40,31) Zugleich führt das Vertrauen immer näher an jenen Starkmut heran, mit dem Ijob (13,15a) das eigene Herz über die Mauer der Todesangst wirft: «Er mag mich töten, ich harre auf ihn».

Aus dem unvermeidlichen Ende des Menschen wird christlich Voll-Endung. Vollendung meint tatsächlich: Aufhebung des Todes als Folge der sündhaften Verstörung des Ganzen. Nicht indem die raum-zeitlich organisierte Materie, unklar aus welcher Gegenkraft, «umspringt» in eine nichtmaterielle Utopie und «Uchronie». Sondern «Leiblichkeit ist das Ende der Wege Gottes», wie der schwäbische Pietist Johann Christoph Oetinger formulierte; bleibend wird Geschaffenes befreit: «Auch die Schöpfung soll von der Sklaverei und Verlorenheit befreit werden zur Freiheit und Herrlichkeit der Kinder Gottes.» (Röm 8,21.) *Doxa*, die Herrlichkeit der Menschen, soll erstmals wieder sichtbar werden, ebenbildlich ihrem Schöpfer im Sündelosen und im Todlosen: «Wenn wir unsere Hoffnung nur in diesem Leben auf Christus gesetzt haben, sind wir erbärmlicher dran als alle anderen Menschen. Nun aber *ist* Christus von den Toten auferweckt worden als der Erste der Entschlafenen. Denn wie in Adam alle sterben, so werden in Christus alle lebendig gemacht werden.» (1 Kor 15,19–20.22)

Diese grosse Eschatologie erfasst alles, lässt nichts unbefreit, und die Apostelbriefe haben dafür kein treffenderes Wort als immer wieder *doxa*, Herrlichkeit. Die Apokalypse kleidet dasselbe Konzept in das Bild der vollendeten, leuchtenden Stadt. Überhaupt ist es ebenso bewegend wie nachdenkenswert, dass das Ziel aller Hoffnung in wechselnden Bildern purer Schönheit ausgesagt wird – nicht nur Leiblichkeit, auch Schönheit ist Ende der Wege Gottes. Doch ist Schönheit nur der Widerschein des eigentlich Grossen: der Überwindung des Todes. Hierin liegt die höchste Konkretion der Hoffnung: An den «Gott, der die Toten lebendig macht und das, was nicht ist, ins Dasein ruft», lässt sich auch gegen alle Hoffnung auf Hoffnung hin glauben (vgl. Röm 4,17 f.).

Augustinus führt die Todlosigkeit kongenial weiter aus: «Gott versprach ewiges Heil, ein seliges Leben mit den Engeln ohne Ende, ein unverwelkliches Erbe, immerwährende Herrlichkeit, das selige Schauen seines Angesichts, das Wohnrecht in seinem heiligen Himmel und durch die Auferstehung der Toten die Freiheit von der Angst, noch einmal sterben zu müssen. [...] Menschen hat er die Gottheit versprochen, Sterblichen die Unsterblichkeit, Sündern die

Rechtfertigung, Verworfenen die Verherrlichung. Aber den Menschen, liebe Brüder, schien unmöglich, was Gott versprach, dass nämlich aus Sterblichkeit, Hinfälligkeit, Verworfensein, Schwachheit, aus Staub und Asche Menschen werden sollten, die den Engeln Gottes gleichen. [...] Es war Gott zu wenig, seinen Sohn zum Wegweiser zu machen; er machte ihn zum Weg, damit er dich beim Gehen leitet, während er selbst einherschreitet aus eigener Kraft.»[43]

So werden die Begräbnisstätten des frühen Christentums nicht mehr von Angst gezeichnet: «Dieses Grabmal [der Kaiserin Galla Placidia] versteht sich ganz als ihr Testament. Wir schauen auf die Zeichen des angstlosen Lebens mitten im Haus des Todes, auf die Zeichen des Triumphes und des Friedens. Dann aber suchen wir nach dem, was auch uns selbst aussagt, und finden, was immer ist: das Psalmengleichnis von der Seele des Menschen im Bild jener Hirsche, die sich zum Wasser beugen, inständig und nicht vergebens.»[44]

5.5 Angstlose Liebe

Diese letzte Überwindung von Angst durch das Christliche sei nicht theoretisch kommentiert, sondern durch drei Aussagen nahegebracht.

Therese von Lisieux:

«Ich werd nicht satt an dem, was unergründlich fliesst
aus deinen Augen, bis die Furcht der Liebe weicht.
Ich werde einfach, weine, lache, wie ich bin.
Denn du verweilst am Schönen, teilst die Freude gern,
statt immer nur zu treiben, achtest du es hoch.»[45]

Das ist nicht frommer Überschwang, sondern älteste Väterlehre. Petrus Chrysologus († um 450) in Sermo 147: «Als Gott sah, wie die Welt vor Furcht wankte, handelte er sofort, um sie mit Liebe zurückzurufen, durch Gnade einzuladen, mit Liebe zu halten und durch Zuneigung zu fesseln. Darum wäscht er die Erde, in die sich das Böse eingenistet hat, durch die rächende Sintflut. [...] Er schliesst die ganze Zeugungskraft des Zeitalters in die Arche ein, um durch Liebe [...] die knechtische Furcht zu hemmen und durch gegenseitige Liebe zu erhalten, was durch gemeinsame Arbeit gerettet war. [...] Die Liebe kennt kein vernünftiges Urteilen, sie hat keinen Verstand und weiss kein Mass. Die Liebe lässt sich nicht trösten durch Unmöglichkeit und nicht heilen durch Schwierigkeiten. Wenn die

---

43 Augustinus, *Enarratio in psalmum* 110,1–3.
44 Albrecht Goes, *Ravenna*, in: ders., *Aber im Winde das Wort*. Prosa und Verse aus 20 Jahren, Berlin 1966, 293.
45 Thérèse de l'enfant-Jésus [Thérèse Martin], *Poésies*. Édition intégrale, textes et introductions I, Paris ²1988, 54.

Liebe nicht bekommt, wonach sie sich sehnt, tötet sie den Liebenden; darum geht sie dahin, wohin es sie treibt, nicht wohin sie soll. Liebe gebiert Sehnsucht und entbrennt in Glut. In der Glut drängt sie nach dem, was ihr nicht zusteht. Was also? Was die Liebe liebt, kann ihrer Schau nicht entzogen bleiben! Darum achteten die Heiligen alles gering, was sie verdienten, wenn sie den Herrn schauen durften.»

Und noch einmal Therese: «Denn Liebe vertreibt alle Furcht. Nicht einmal Asche bleibt von meiner Schuld aus jenem Blitz der Liebe, der alles verzehrt.»[46]

6. Angst und Glaube

Gerade grosse religiöse Wahrheiten bedürfen – ihrer Grösse wegen – des vielleicht erschütternden Durchgangs durch Angst: Dann kann die Tröstung kommen, erst dann weiss der Geprüfte, was er weiss.

Ins Gespräch kommt christliche Angstfreiheit, wenn sie weiss, wovon sie selbst spricht: vom umfassend geängsteten, erlösungsbedürftigen und erlösten Menschen. Christentum darf den Unterschied zu anderen Religionen festhalten, demütig, wenn es ihn nicht als überheblichen, sondern als aufbauenden begreift. Es hat den Vorteil, dass es das Leben bejaht, das jetzige und auch das künftige, dass es kein Verlöschen als Lebensziel ansieht (was ja rückwirkend auch dieses Leben asketisch verschattet). Es hat zum Inhalt ein Antlitz, eine Person: das Antlitz des Sohnes, sein Eingehen in irdisches Unglück und seine verheissene Wendung des Ganzen in strahlendes Glück. *Nihil humani alienum*, nichts Menschliches ist ihm fremd.

So kann es eine – mit religiös anders geprägten Menschen – gemeinsame Achtsamkeit auf die Schöpfung, ein gemeinsames Bemühen um die Zucht der Leiblichkeit und den Kampf gegen Ängste aller Art geben, es kann auch gemeinsames Schweigen und Wahrnehmen des von innen aufsteigenden Friedens geben, überhaupt eine gemeinsame Reinigung der Sinne vor den anbrandenden Überreizungen – dennoch sind dies für den Christen erst die Sprossen auf einer Leiter, die nicht einfach zu einer göttlichen Natur, zu einem göttlichen Selbst, zu einem göttlichen All-Einen oder ins Nichts führt, sondern zum Antlitz des lebendigen Gottes. Das übrigens gleichzeitig ein bezaubernd menschliches Antlitz ist.[47] Wieweit die Leitersprossen anderer spiritueller Haltungen an das Geheimnis Christi heranführen, ist nicht im Vorhinein zu bestimmen, auch kei-

---

46 A. a. O. 17.

47 Romano GUARDINI, *Landschaft der Ewigkeit*, München 1958, 175: in Dante ALIGHIERI, *Göttliche Komödie* erscheine im unfasslichen Licht der Dreieinigkeit überraschend ein menschliches Antlitz: begreiflich, erkennbar, überwältigend.

neswegs auszuschliessen. Aber ist Atmen wirklich schon Anbeten? Ist die bewundernswerte Abtötung des Schmerzes, deren die Yogis fähig sind, wirklich schon die Seligkeit einer Begegnung? Ist Buddhaschaft wirklich dasselbe wie vollendetes Christsein? Denn im Ur-Buddhismus geht es um Erlösung von der als Unheil erfassten Wiedergeburt in ein immer wieder angst- und gierbesetztes «Anhaften». Achtfach ist der Pfad zur Heilung: Je mehr der Mensch seinen Durst nach Essen und Trinken, Geschlechtlichkeit, Macht zurücknimmt, desto rascher wird er «auswurzeln». In der asketischen Konzentration auf sich selbst, die letztlich nur dem Mann möglich ist, gelingt der Absprung in das Nichts, der Auszug aus der Wiedergeburt, überhaupt aus der Existenz. Das ist freilich nur über völlige Rücknahme des Selbst zu erreichen. Das jetzige Leben dient als Sprungbrett in *das Glück, nicht mehr zu sein.* So vergleicht Schopenhauer plastisch «den Menschen, der im Tod besondere Aufschlüsse erwartet, einem Gelehrten, der einer wichtigen Entdeckung auf der Spur ist, doch im gleichen Augenblick, wo er die Lösung zu sehen meint, wird ihm das Licht ausgeblasen.»[48]

Anders das Christentum: Der Mensch wird nicht aufgelöst, er wird getröstet. Statt der endgültigen Löschung verheisst die Schrift Erhöhung. Gott ist nicht der Vernichter, sondern der Vollender der Identität. Selbst das «Fleisch», das in allen Kulturen für Vergänglichkeit und Verwesung steht, wird zum «leidenthobenen Leib» gewandelt.[49] Die Auferstehung Jesu, worin er alle Wunden seiner Folterung an seinem verklärten Leib behielt, ist das Zeugnis für die identische Bewahrung und Verklärung alles irdisch Gebrochenen, Verletzten und Zukurzgekommenen. Geschweige dass diese Lehre die Angst schürt, ist sie von Grund auf Angstüberwindung. «Lasst uns an diesem unwandelbaren Bekenntnis der Hoffnung festhalten, denn er, der die Verheissung gegeben hat, ist treu.» (Hebr 10,23)

---

48 Zitiert nach Ernst BLOCH, *Das Prinzip Hoffnung*, Frankfurt a. M. 1960, III, 1384; 52, V.

49 Wolfram VON DEN STEINEN, *Notkeri poetae liber ymnorum/Notker des Dichters Hymnenbuch*, Bern/München 1960, 31: Feria II/Die Montagshymne «Resurgens et impassibile corpus sumpsit».

Epilog

DICK MARTY

Ein uraltes Rezept besteht darin, gegenüber einer angeblichen Gefahr, die vom Ausland oder von einer Minderheit des eigenen Landes ausgehen soll, ein Klima der Angst zu schüren und aufrechtzuerhalten. Das stärkt die, die an der Macht sind, schweisst die Mehrheit zusammen und lässt sie Massnahmen akzeptieren, denen sie sich verweigern würde, schilderte man ihr nicht in den düstersten Farben, welcher Bedrohung Sicherheit und Wohlstand ausgesetzt seien. Wer sich dieser Methode bedient, dem bietet sie zudem den Vorteil, dass er die wahren gesellschaftlichen Probleme nicht anzugehen braucht – und sie verschleiert entweder seine Unfähigkeit, diese zu lösen, oder seine wahre Absicht: gar nichts ändern oder nur seine Privilegien schützen zu wollen.

Im Kontext von Terrorismus werden, wie wir in verschiedenen Beiträgen im vorliegenden Buch gesehen haben, Sicherheit und Freiheit bewusst als Gegensätze dargestellt. Zu Unrecht, wie wir ebenfalls gesehen haben. Die aussergerichtliche Exekution Bin Ladens wird als ein enormer Erfolg gewertet, und man versucht uns glauben zu machen – und nicht wenige heissen diese Lesart bereitwillig gut –, dieser sei nur durch die Anwendung von Folter möglich geworden. Doch in Tat und Wahrheit veranschaulicht dieser Akt nur, wie fragwürdig die Methoden sind, mit denen die Administration Bush gegen den Terrorismus vorgegangen ist. Der «Grosse Satan» von Al Kaida lebte mit seiner Familie seit Jahren unbehelligt am selben Ort, und zwar in einem keineswegs unauffälligen Haus, in einer bevölkerungsreichen Gegend und unweit der pakistanischen Hauptstadt. Warum brauchte man so lange, um ihn aufzuspüren, nachdem der Krieg in Afghanistan, der unter anderem mit Ziel geführt wurde, den Hauptverantwortlichen für die Anschläge des 11. Septembers zu fassen, bereits 400 Milliarden Dollar verschlungen und viele Menschen das Leben gekostet hatte? Die Suche nach der Wahrheit lässt sich mit einer Schachpartie vergleichen: Nur mit Geschicklichkeit und Klugheit kommt man zum Ziel, keinesfalls aber mit Brutalität und schon gar nicht, indem man das Schachbrett zertrümmert. Präsident Obama hat die Tötung von Bin Laden persönlich verkündet. «*Justice has been done*», sagte er, «der Gerechtigkeit wurde Genüge getan». Fürwahr eine eigenartige Rechtsauffassung, erst recht, wenn ein Friedensnobelpreisträger sie äussert. Für die Mächtigen hat sie allerdings den grossen Vorzug, gewisse sehr unangenehme Wahrheiten weiterhin verbergen und ein Klima aufrechterhalten zu können, das ihr die Einschränkung und Verletzung fundamentaler Freiheitsrechte erlaubt.

In weiten Kreisen der Bevölkerung Ängste zu schüren und auf sie zu setzen, diese Methode hat in der Politik unseres Landes ebenfalls grossen Anklang gefunden. Damit lassen sich grösstenteils auch die Wahlerfolge der inzwischen bedeutendsten politischen Partei der Schweiz erklären. Die Fremdenangst gehört zum klassischen politischen Repertoire. Aus ihr schlägt allerdings nicht nur die SVP Kapital. Andere Gruppierungen, die sich in ihrem Erfolg versprechenden Fahrwasser bewegen, tun es ihr gleich. Es sei hier an die Schwarzenbach-Initiativen erinnert: Das Begehren, mindestens 300 000 Ausländer, mehrheitlich Italiener, nach Hause zu schicken, wurde 1970 von fast der Hälfte der Stimmenden unterstützt, und dies bei einer rekordverdächtigen Stimmbeteiligung von 75%. Die Minarettverbots- und die Ausschaffungsinitiative haben die fremdenfeindliche Gefühle ebenfalls angeheizt, denn mit ihnen lässt sich bestens Wahlkampf betreiben. Wie sonst sind die immensen Geldmittel zu erklären, die in die Abstimmungswerbung investiert wurden (und vom wem genau eigentlich)? Doch keines der wirklichen Probleme, mit denen sich dieses Land und seine Bevölkerung konfrontiert sehen, liessen und lassen sich mittels dieser Initiativen lösen – ganz im Gegenteil.

Ein weiteres zugkräftiges Thema ist die Bedrohung, die «Brüssel» für unsere Souveränität darstellen soll. Mit ihm lassen sich gegenüber der Europäischen Union Unsicherheit und offene Feindseligkeit erzeugen. Auch hier ist die SVP federführend, und ein Grossteil der anderen Parteien folgt ihr mehr oder weniger bereitwillig. Bemühte man sich, das Problem objektiv zu betrachten, würde man feststellen, dass der hochgepriesene bilaterale Weg unsere Souveränität in beträchtlichem Mass eingeschränkt hat und weiterhin einschränkt. Das europäische Recht bestimmt unsere Gesetzgebung und verkleinert unseren Entscheidungsspielraum immer mehr, doch ohne dass wir bei seiner Ausarbeitung das mindeste Wort mitzureden hätten. Die irrationale Angst vor «Brüssel», die von der Mehrheit der Politiker laut oder stillschweigend geschürt wird, da sie sich der Unpopularität des Themas bewusst sind, hat beim Europa-Dossier zu einem beunruhigenden politischen Autismus geführt. «Das Bankgeheimnis ist nicht verhandelbar!», hat das politische Establishment einst lautstark verkündet. Die klägliche Fortsetzung ist bekannt. Ich befürchte, dass dem Europa-Dossier ein ähnliches Schicksal zuteil werden dürfte: Statt aus einer Position der Stärke heraus verhandeln zu können, wird man zu überstürzten Reaktionen gezwungen sein und versuchen, wenigstens das Notwendigste zu retten – das ist der Lohn der Angst.

In der arabischen Welt ist dank der Jugend eine gewaltige Volksbewegung entstanden, die Freiheit und Demokratie anstrebt und als unantastbar geltende Diktaturen wie die ägyptische und tunesische kurzerhand hinweggefegt hat. Diese Dynamik griff rasch auf die anderen Länder der Region über. Wer wollte sich darüber nicht freuen? Im Nationalrat wurde eine Dringlichkeitsdebatte verlangt – um in den Jubel der arabischen Massen einzustimmen? Um unsere Solidarität mit diesen Völkern zu bekunden, die unter ihren tyrannischen und grausamen Regimes so lange gelitten haben? Um unsere Genugtuung darüber auszudrücken, dass Freiheit und Demokratie, unsere Ideale, sich gegen den Totalitarismus durchgesetzt haben? Nein, nichts von alledem. Liest man, mit welcher Begründung insbesondere SVP und FDP diese Dringlichkeitsdebatte forderten, dann wird offenbar, worum es hauptsächlich geht: um die Gefahr einer «Invasion» von Asylsuchenden aus Nordafrika – und dies noch ehe nur ein einziges entsprechendes Gesuch gestellt worden wäre – und um die Notwendigkeit, die Schliessung unserer Grenzen zu verfügen. Dieser völlige Mangel an Einfühlungsvermögen Männern und Frauen gegenüber, die ihr Leben aufs Spiel setzen, um für Werte zu kämpfen, die wir in unseren Sonntagsreden hochleben lassen, hat mich schockiert. Da gibt es nicht den Hauch eines Bestrebens, diesen im Entstehen begriffenen Demokratien grosszügig zu helfen. Einmal mehr herrschen Angst vor den Fremden, die unseren behaglichen Wohlstand bedrohen könnten, und Egoismus vor, aber auch das Unvermögen, sich zu begeistern und sich mit Leidenschaft für Neues zu engagieren.

Edgar Morin hält fest: «Zwei Arten der Barbarei sind stärker als je miteinander verbunden: die Barbarei, die seit Menschengedenken verstümmelt, zerstört, foltert, hinschlachtet; und die kalte, eisige Barbarei, die in der Vorherrschaft des quantitativ Messbaren, der Technik, des Profits über die menschliche Gesellschaft und über das menschliche Leben besteht.» Diese Verbindung funktioniert jedoch nur, wenn wir gleichgültig bleiben und uns vor jeder empörten Regung und jedem Risiko scheuen. Es ist offensichtlich: Unsere Werte drohen zu implodieren. Möge Hölderlin recht haben: «Wo aber Gefahr ist, wächst / Das Rettende auch.»

Aus dem Französischen von Andreas Grosz

Verzeichnis der Autorinnen und Autoren

Béatrice Acklin Zimmermann, Dr. theol., Dozentin im Bereich Systematische Theologie an der Theologischen Fakultät der Universität Freiburg/Schweiz und Leiterin des Bereiches Theologie und Philosophie an der Paulus-Akademie Zürich.

Hanna-Barbara Gerl-Falkovitz, Dr. phil., emeritierte Professorin für Religionsphilosophie und vergleichende Religionswissenschaft an der Technischen Universität Dresden.

Guy Kirsch, Dr. rer. pol., emeritierter Professor für Neue Politische Ökonomie an der Universität Freiburg/Schweiz.

Josef Lang, Dr. phil., Historiker, Berufsschullehrer und Nationalrat, Zug.

André Marty, Nahost-Korrespondent von Schweizer Radio und Fernsehen SRF, Tel Aviv, bis Sommer 2010, arbeitet heute als Moderator und Nahost-Fachmann auf der Redaktion der Tagesschau von SRF.

Dick Marty, Dr. iur., Rechtsanwalt, Ständerat, Abgeordneter des Europarates und Mitglied der OSZE-Kommission für Menschenrechte.

Anton Schwingruber, Dr. iur., Rechtsanwalt, bis 30.6.2011 Vorsteher des Bildungs- und Kulturdepartements des Kantons Luzern, ehem. Regierungsrat.

Hanspeter Uster, Rechtsanwalt, Leiter des Competence Centers Forensik und Wirtschaftskriminalistik an der Hochschule Luzern, Präsident der Gesellschaft für ethische Fragen, ehem. Regierungsrat des Kantons Zug.

Jean-Claude Wolf, Dr. phil., Professor für Ethik und politische Philosophie an der Universität Freiburg/Schweiz.